韓國의 漢詩 48

南冥 曹植 詩選

한국의 한시 48
南冥 曹植 詩選
허경진 옮김

평민사

머리말

　남명 조식은 평생 시인으로 자처하지 않은 시인이다. "시를 읊조리면 완물상지(玩物喪志)하기 쉽다"면서 시 짓기를 좋아하지 않았기에, 작품 수도 200수를 넘지 않는다. 칠언시에서 운에 따르지 않은 경우도 자주 보인다. 틀에 매이기를 거부한 것이다. 그렇지만 "칠언시 오언시가 만금의 가치를 지녔다"는 구절에서 보이듯, 시를 통해 자신의 생각을 함축적으로 표현한 시인이다.
　남명은 시를 실용적으로 지은 분이다. "칠언시 오언시가 만금의 가치를 지녔다"는 구절 자체가 실용성을 보이거니와, 윤호진 교수의 통계에서 보이듯이 그의 시 가운데 5분의 1이 증별시라는 것을 보아도 그러하다. 10분의 1 가까운 만시(輓詩)도 역시 목적을 가지고 지은 시이니, 실용적인 학문에 힘썼던 그의 태도가 창작에서도 나타난다. 그렇지만 이런 시들은 실용성을 넘어, 제자와 친지를 따뜻하고 애틋하게 대했던 남명의 자화상이기도 하다.
　정인홍을 중심으로 한 남명의 제자들이 대북파 정권을 담당했다가 인조반정으로 물러나면서, 남명의 문집 간행에도 여파가 미쳤다. 문집을 간행할 때마다 글자가 달라지고, 주석이 덧붙거나 빠졌다. 이번에 남명 조식 시선을 엮으면서 처음에는 문집총간에 실린 기유판(1609)을 대본으로 하여 입력하고 번역하였다. 정인홍의 문인 문경호가 보유를 덧붙인 기유판은

병오판(1606) 계열이다. 그러나 번역과정에서 몇몇 글자에 문제가 생긴데다 체제가 달라지기도 해서, 결국 경상대학교 남명학연구소에서 내어놓은 『교감 남명집』을 대본으로 삼아 수정 보완하였다. 원문을 입력해준 곽미선 선생과 해제를 써주신 윤호진 교수님께 감사드린다.

2007년 12월
허경진

□ 머리말 / 5

오언절구
칼자루에 써서 장원한 조원에게 주다 ■ 14
서울로 가는 학록 오건에게 지어주다 ■ 15
경온스님과 헤어지며 ■ 16
되는 대로 이루다 ■ 17
숙안에게 부치다 ■ 18
그저 흥이 나기에 ■ 19
산해정에서 우연히 읊다 ■ 20
우연히 읊다 ■ 21
산해정에서 주경유의 시에 차운하다 ■ 22
산해정에 대나무를 심으며 ■ 24
황강의 정자에 쓰다 ■ 25
매화 밑에 모란을 심다 ■ 26
덕산 계정의 기둥에 쓰다 ■ 27
함벽루 ■ 29
생질 자수에게 부치다 ■ 30
해 질 녘에 외로운 배를 대다 ■ 31
삼족당이 유언으로 해마다 보내 주라고 한 곡식을 사양하며 ■ 32
꿈을 적어 하군에게 주다 ■ 33
떠돌아다니는 중에게 지어주다 ■ 35
판서 정유길에게 지어 주다 ■ 36
우연히 읊다 ■ 37
유정 산인에게 지어 주다 ■ 38
삼족당에게 부치다 ■ 39
성동주에게 지어 주다 ■ 40
제목 없이 ■ 42
김렬에게 지어 주다 ■ 43

南冥 曺植 詩選 · 차례

육언절구
건숙에게 부치다 ■ 46

오언사운
산속 절에서 우연히 읊다 ■ 48
홀로 선 나무를 읊다 ■ 49
최현좌에게 주다 ■ 50
이황강의 정자 문 위에 쓰다 ■ 51
삼족당에게 주다 ■ 54
하희서의 죽음을 슬퍼하다 ■ 56

칠언절구
단속사 정당매 ■ 58
인숙을 보내며 ■ 59
산속에서 즉흥적으로 읊다 ■ 60
 또 짓다 ■ 61
감사 정종영이 들렀기에 ■ 62
자형 인숙과 헤어지면서 지어주다 ■ 63
강가 정자에서 우연히 읊다 ■ 64
친구의 시에 차운하다 ■ 65
명경대 ■ 66
국화 ■ 67
덕산에서 우연히 읊다 ■ 68
연꽃을 읊다 ■ 69
 또 읊다 ■ 70
봉명루 ■ 71
「항우전」을 읽고 ■ 72

南冥 曺植 詩選·차례

명월사에서 독서하는 유계선과 어사공에게 부치다 ■ 74
송정승에게 화답하여 부치다 ■ 75
박사공에게 지어 주다 ■ 76
도사 장의중에게 답하여 지어주다 ■ 77
희감 스님에게 지어주다 ■ 78
청향당에서 여덟 수를 읊다 ■ 79
   대에 부는 바람 ■ 79
   거문고 소리 ■ 80
   경전 ■ 81
백운동에서 놀며 ■ 82
이름 없는 꽃 ■ 83
학사 이중영을 보내며 지어 주다 ■ 84
산해정 궂은비 속에 ■ 85
되는 대로 이루다 ■ 86
냇물에 목욕하다 ■ 87
덕산에 살 곳을 잡다 ■ 88
아들을 잃고서 ■ 89
서쪽 집 늙은이에게 부치다 ■ 90
황강의 정자에 쓰다 ■ 91
양산 쌍벽루 시에 차운하다 ■ 92
포석정 ■ 93
성중려에게 지어 주다 ■ 94
청향당 시에 화답하다 ■ 95
오대사의 중에게 지어 주다 ■ 96
배나무를 읊다 ■ 97
문견사의 소나무 정자에 쓰다 ■ 98
배생의 죽음을 슬퍼하다 ■ 99
태온과 건숙에게 아울러 지어 주다 ■ 100

야옹정 ■ 101
대를 그리다 ■ 102
두류산에서 짓다 ■ 103
하군려에게 부치다 ■ 104
제목 없이 ■ 105
산해정에서 「대학 팔조가」 뒤에 쓰다 ■ 106
죽연정에서 진사 윤규의 시에 차운하다 ■ 108
진사 강서의 죽음을 슬퍼하다 ■ 110
복괘(復卦)를 읊다 ■ 111
이원길이 책력을 보낸 것에 감사하다 ■ 113
제목 없이 ■ 114

칠언사운(七言四韻)
하희서의 죽음을 슬퍼하다 ■ 116
함허정 ■ 118
죽연정에서 진사 윤규에게 지어 주다 ■ 120
송씨의 숲속 정자에 쓰다 ■ 121
방응현의 초가 정자에 쓰다 ■ 123
대곡과 헤어지며 지어 주다 ■ 125
대곡에게 부치다 ■ 127
호음이 사미정에 쓴 시에 차운하다 ■ 128
휴수가 읊은 시에 차운하다 ■ 129

고풍(古風)
호접루 ■ 132
성중려에게 지어 주다 ■ 133
중옥 어른께 지어 올리다 ■ 134
석천자에게 지어 주다 ■ 136

칠언장편
소자경 시 ■ 140
'여섯 나라 평정하고 오니 두 귀밑머리가 희어졌다'는 시 ■ 143

부록
남명(南冥)의 한시에 대하여 ■ 148
原詩題目 찾아보기 ■ 165

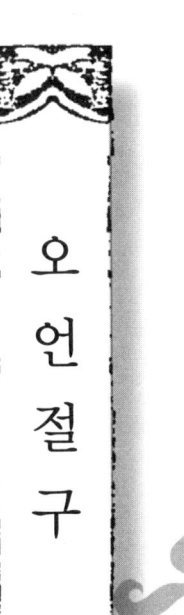

오언절구

칼자루에 써서 장원한 조원에게[1] 주다
   -이준민의 사위이다

불[2] 속에서 하얀 칼날 뽑아내니
서리 같은 빛이 달까지 닿아 흐르네.
북두성 견우성 넓은 하늘에
정신은 놀아도 칼날은 놀지 않네.

書劒柄贈趙壯元瑗

离宮抽太白, 霜拍廣寒流.
牛斗恢恢地, 神游刃不游.

■
1. 조원(趙瑗, 1544~1595)은 남명의 제자인데, 자는 백옥(伯玉), 호는 운강(雲岡)이며, 벼슬은 승지까지 올랐다. 서울 청운동 경복고등학교 교문을 들어서면 운강대(雲岡臺)라고 새긴 바위가 있는데, 이 일대가 조원이 살았던 집터이다. 1564년 진사시에 장원하여 이 시를 받았는데, 아들 조희일과 손자 조석형까지 진사시에 장원하여, 3대가 장원하는 영예를 누렸다. 저서로는 『독서강의(讀書講疑)』『가림세고(嘉林世稿)』가 있는데, 한국의 한시 27번에 실린 옥봉(玉峰)의 시집이 『가림세고』 부록에 실려 있다. 조원의 첩이었기 때문이다. 판서 이준민은 남명의 생질이다.
2. 리(离)는 괘이름인데, 리(離)와 같다. 남방(南方)의 괘이며, 적색(赤色)이다.

서울로 가는 학록[1] 오건에게[2] 지어주다
- 자는 자강(子强)이다

한 걸음 처음으로 헤어지던 곳이
오고 오니 백 리나 멀어졌구나.
산마루에서 돌아보니 끝이 없고
서울 가는 길도 아직은 까마득하네.

贈吳學錄健上京

一脚初分處, 來來百里遙.
山頭回望盡, 西路更迢迢.

■
1. 성균관의 정9품직이다.
2. 오건(吳健, 1521~1574)은 남명의 제자인데, 자는 자강, 호는 덕계(德溪)이다. 벼슬은 이조정랑까지 올랐으며, 저서로는 『덕계집』『역년일기(歷年日記)』등이 있다.

경온스님과 헤어지며

스님은 구름과 함께 고개를 넘어가고
나그네는 티끌세상 향해 돌아가네.
그대 보내고 산마저 헤어졌으니
서산으로 지는 해를 어떻게 하나.

別敬溫師

僧同雲入嶺, 客向塵歸兮.
送爾兼山別, 奈如山日西.

되는 대로 이루다

하늘 바람이 허공을 뒤흔들고
치달리는 구름이 어지러이 가렸다 흩어지네.
솔개가 날아오르는 건 본래 당연하건만[1]
까마귀는 치솟아 무얼 하려나.

漫成

天風振大漠, 疾雲紛蔽麗.
鳶騰固其宜, 烏戾而何爲.

---

1. 『시경』 대아(大雅) 「한록(旱麓)」 편에 "솔개는 날아서 하늘에 이르고, 물고기는 뛰며 연못에 노네.[鳶飛戾天, 魚躍于淵]"라는 구절이 있다. 솔개가 하늘로 나는 것이나 물고기가 연못에서 뛰는 것이 모두 자연스러운 도(道)의 작용이어서, 군자의 덕화가 천지간 어디에나 미친 상태를 노래한 것이다. 주나라 임금의 덕을 기린 시이다.

숙안에게 부치다
 - 박흔의¹ 자이다

매화나무에 봄기운이 어리고
가지 사이엔 새 울음소리도 따스하구나.
산해정에² 산속 달빛이 환하니
어떻게 하면 그대를 불러 앉히려나.

寄叔安

梅上春候動, 枝間鳥語溫.
海亭山月白, 何以坐吾君.

■
1. 박흔(朴忻)은 한산군수 박염(朴廉)의 아들인데 전주 박씨로, 그의 아우 희(憘)와 신(愼)이 선조시대 생원시에 합격하였다.
2. 남명이 제자들을 가르치기 위해 김해 신어산 기슭에 지은 정자이다. 그래서 후세 사람들이 남명을 산해선생, 또는 산해부자(山海夫子)라고도 불렀다. 1999년에 신산서원이 복원되면서 서원의 강당이 되었다.

그저 흥이 나기에

아침 가벼운 안개를 뚫고 배를 대고 보니
모래밭에 놓인 배가 온통 봄 풍경일세.
서강이 예부터 지녀온 뜻은
사람에게 한 번도 허락지 않네.

漫興

朝徹輕烟泊, 沙舟渾似春.
西江終古意, 不與一番人.

산해정에서 우연히 읊다

십 리 밖에 왕이 태어난 곳[1] 있어
긴 강물에 흐르는 한이 깊구나.
구름은 누런 대마도에 떠 있고
산은 푸른 계림으로[2] 뻗어 있네.

山海亭偶吟

十里降王界, 長江流恨深.
雲浮黃馬島, 山導翠雞林.

■
1. 『삼국유사』에 의하면 "후한(後漢) 세조 광무제 건무 18년 임인 3월 계욕일에" 가락국 수로왕(首露王)이 김해 구지봉(龜旨峰)에 내려왔다. 서기 42년이다.
2. 최(치원)공이 고려가 장차 흥할 것을 알고 임금에게 상소하는 글 가운데,
   계림은 누렇게 물든 나뭇잎인데
   곡령은 푸른 솔일세.
   鷄林黃葉, 鵠嶺靑松.
라는 구절을 썼다. 신라 임금이 그 말을 듣고 미워하자, 가야산 해인사에 들어가 숨었다. - 『동사보감』
신라가 망할 무렵에 최치원은 계림을 황엽(黃葉), 개성을 청송(靑松)으로 표현했는데, 남명은 대마도를 황(黃), 계림(경주)을 취(翠), 즉 푸른색으로 표현했다.

우연히 읊다

큰 기둥 같이 높은 산이
하늘 한 끝을 버티고 섰네.
잠시도 내려앉은 적이 없어
부자연스럽지 않네.[1]

偶吟

高山如大柱, 撑却一邊天.
頃刻未嘗下, 亦非不自然.

---

1. 교감본 주석에 의하면 "이 시는 남명의 벗인 최흥림(崔興霖)의 「계당즉사(溪堂卽事)」와 한 글자도 다르지 않다"라고 하였다.

산해정에서 주경유의 시에 차운하다
 -경유는 주세붕의[1] 자이다.

훌륭하도다! 풍기 군수님이여.
내 집 문에다 말을 매셨네.[2]
왕도(王道)를 상세히 말씀하시어
지금도 세상 사람들에게 존경받으시네.

在山海亭次周景游韻

可矣豊基倅, 行騑繫我門.
箇箇談王口, 於今爲世尊.

■
1. 주세붕(周世鵬, 1495~1554)의 자는 경유(景游), 호는 신재(愼齋)인데, 벼슬은 동지중추부사까지 올랐다. 1543년 풍기군수로 있을 때에 우리나라 최초의 서원인 백운동서원을 세웠다. 저서로는 『무릉잡고』가 있다.
2. 눈부시게 하얀 망아지가
　우리 밭의 곡식 싹을 먹었네.
　붙잡아 매어 놓고
　이 아침 내내 못 가게 하여,
　바로 그 사람이
　이곳에 와서 거닐게 하리라.
　皎皎白駒, 食我場苗.
　繫之維之, 以永今朝.
　所謂伊人, 於焉逍遙. -『시경』소아「백구(白駒)」

현인이 떠나는 것을 억지로 붙들기 위하여, 타고 온 망아지가 우리 논밭의 싹을 뜯어 먹었다는 핑계로 묶어 놓아 떠나지 못하도록 했다는 뜻이다. 이 시에서는 현인이 우리 집에 찾아왔다는 뜻으로 썼다.

산해정에 대나무를 심으며

대나무는[1] 외로울까 외롭지 않을까
소나무가[2] 이웃 되었으니.
바람 불고 서리 칠 때 기다리지 않더라도
꿋꿋한 모습에서 참다움을 볼 수 있네.

種竹山海亭

此君孤不孤, 髥叟則爲隣.
莫待風霜看, 猗猗這見眞.

■
1. 왕휘지(王徽之)가 대나무를 몹시 사랑하여, 일찍이 빈 집터에 대나무를 심었다. 누가 그 까닭을 묻자 휘지가 대나무를 가리키면서, "이 친구[此君]가 하룬들 없어서야 되겠는가?"라고 하였다. -『진서(晉書)』 권80「왕휘지전」
이 시의 원문에서 차군(此君)도 대나무를 가리킨다.
2. 진(晉)나라 스님 법잠(法潛)이 섬산(剡山)에 은거하자, 어떤 사람이 "가까운 친구가 누구냐?"라고 물었다. 그러자 소나무를 가리키면서 "저 푸른 수염 난 늙은이일세"라고 답하였다. -『산당사고(山堂肆考)』
원문의 염수(髥叟), 즉 수염난 늙은이는 소나무를 가리킨다.

황강의[1] 정자에 쓰다
  - 성은 이(李), 이름은 희안(希顔), 자는 우옹(愚翁)이다.

길가의 풀은 이름 없이 죽어가고
산의 구름은 제멋대로 일어나네.
강물은 끝없는 한을 흘려보내며
돌과 다투지 않네.

題黃江亭舍

路草無名死, 山雲恣意生.
江流無限恨, 不與石頭爭.

■
1. 황강은 남명의 가까운 벗인 이희안의 호이다. 1554년에 유일(遺逸)로 천거되어 고령현감에 제수되었다.

매화 밑에 모란을 심다

화왕(花王)을[1] 심고 나니
조정의 신하는 매어사(梅御史)일세.[2]
외로운 학은 끝내 무엇 하는지[3]
벌이나 개미만도 못하구나.

梅下種牧丹

栽得花王來, 廷臣梅御史.
孤鶴終何爲, 不如蜂與蟻.

■
1. 송나라 문장가 구양수의 「낙양모란기」에 "사람들이 모란을 화왕(花王)이라고 한다" 하였다.
2. 매화가 추위 속에 피는 꽃이므로, 백관을 규찰하는 어사에 비유하였다.
3. 송나라 시인 임포(林逋)가 서호(西湖)에 살며 매화와 학을 몹시 좋아하자, 사람들이 매처학자(梅妻鶴子)라고 하였다. 매화를 아내 삼고 학을 자식 삼았다는 뜻인데, 이 시에서는 매화가 피었건만 학은 왜 오지 않느냐는 뜻으로 썼다.

덕산 계정의[1] 기둥에 쓰다

천석들이 종을 보시게.
크게 치지 않으면 소리가 없네.[2]
어떻게 하면 두류산같이[3]
하늘이 울어도 울지 않을 수 있을까.[4]

題德山溪亭柱

請看千石鍾, 非大扣無聲.
爭似頭流山, 天鳴猶不鳴.

■
1. 남명이 회갑을 맞아 지리산 덕산으로 강학 장소를 옮기고 산천재를 지은 다음, 덕천 가에 상정(橡亭)이라는 초가 정자를 세웠다. 지금도 이 시가 상정에 걸려 있다.
2. 질문에 잘 대답하는 것은 종을 치는 것과 같다. 작게 치면 작게 울리고, 크게 치면 크게 울린다.[善待問者如撞鐘, 叩之以小者, 則小鳴, 叩之以大者, 則大鳴.] - 『예기(禮記)』「학기(學記)」
3. 두류산은 지리산의 옛이름이다.

4. 남명 조선생은 과거를 거치지 않고 벼슬에 제수되었으나 곧 사퇴하였는데, 한낱 낮은 벼슬에 지나지 않았다. 그러나 그가 병이 나서 급해지자 감사가 장계를 올려 아뢰었으므로, (왕이) 어의(御醫)를 보내어 약을 가지고 가서 간호하게 하였고, 세상을 떠나자 특례로 대사간을 증직하였다. 그를 예우함이 이토록 극진하였으니, 한 세상을 움직일 만하다. 참으로 그런 분이 아니었다면 어찌 이 같은 일이 있었겠는가? 선생을 숭상하여 논하는 자들이 '벽립만인(壁立萬仞)'이라고 표현하는 것도 바로 이 때문이다. 나는 선생의 「뇌룡명(雷龍銘)」과 「계부명(鷄伏銘)」을 읽고서 선생의 사람됨을 상상했는데, (위의 시, 줄임) 이 시는 얼마나 큰 역량과 기백이 있는가? 비록 퇴계의 일월춘풍(一月春風)에 비겨서 말할 것은 못되지만, 사람의 간담에 큰 물결을 일으키게 한다. - 이익 『성호사설』

함벽루

남곽자같이 아내 잃은[1] 것만은 못해도
흐르는 강물을 멍하니 바라보네.
뜬구름의 일을 배우고 싶건만
높은 바람이 흩어 버리네.

涵碧樓

喪非南郭子, 江水渺無知.
欲學浮雲事, 高風猶破之.

■
* 합천에 있다.(원주)
1. 남곽자기(南郭子綦)가 안석에 기대앉아 하늘을 우러러 한숨을 쉬며 멍하니 있는데, 마치 아내를 잃은 것 같았다. -『장자』「제물론」

생질 자수에게[1] 부치다

굶주리고 추위에 떠는 어머니와 아우 있으니
벼슬 구하는 뜻이 결코 다른 데 있지 않네.
양주(楊朱)의 갈림길에 서서[2]
머뭇거리는 너를 어이할거나.

寄子修姪

飢寒母弟在, 求仕定非他.
却立楊朱路, 遲回奈爾何.

■
1. 자수(子修)는 남명의 자형 이공량의 아들 이준민(1524~1590)의 자인데, 호는 신암(新菴), 벼슬이 판서까지 올랐다.
2. 양주는 갈림길을 보고 울었다. 남쪽으로 갈 수도 있고, 북쪽으로도 갈 수 있기 때문이다. 묵자는 흰 비단을 보고 울었다. 황색으로 염색할 수도 있고, 흑색으로 염색할 수도 있기 때문이다. - 『회남자(淮南子)』「설림훈(說林訓)」

해 질 녘에 외로운 배를 대다

만리 풍파에 놀라
키와 노를 사공에게 맡겼네.
날 저물어 봉래산 아래 닿으니
우리 집 산이 가장 높은 봉우리일세.

孤舟晚泊

風濤驚萬里, 柁櫓倚蒿工.
晚泊蓬萊下, 家山第一峯.

삼족당이[1] 유언으로 해마다 보내 주라고 한 곡식을 사양하며

사마광(司馬光)에게서도 받지 않았던
그 사람이 바로 유도원(劉道源)일세.[2]
그래서 호강후(胡康侯)는[3]
죽을 때까지 가난을 말하지 않았네.

辭三足堂遺命歲遺之粟

於光亦不受, 此人劉道源.
所以胡康候, 至死貧不言.

■
1. 삼족당은 남명의 선배인 김대유(金大有, 1479~1551)의 호이다. 김일손(金馹孫)의 조카로, 칠원현감을 지냈다. 남명의 가난을 염려하여 해마다 곡식을 보내 주라고 유언했지만, 남명은 이를 받지 않았다.
2. 도원은 송나라 학자 유서(劉恕)의 자이다. 사마광이 『자치통감』을 저술하다가 어려운 부분에 부딪치면 그에게 자문을 구할 정도로 뛰어난 학자였다. 그가 하직하고 남쪽으로 갈 때에 사마광이 옷 몇 가지를 주었더니, 받지 않으려고 했다. 굳이 건네주자, 받아 가지고 영주에 이르러 봉해서 돌려보냈다.
3. 송나라 학자 호안국(胡安國)의 자가 강후인데, 평생 『춘추』를 깊이 연구해 『춘추전』을 지었다.

꿈을 적어 하군에게 주다

　을축년(1565) 8월 16일 꿈에 대사간 이중망을[1] 나무 아래에서 만났다. 정다운 이야기가 미처 끝나기도 전에 이군이 일어나 가버렸다. 내가 그의 소매를 잡고 짧은 절구를 읊어주고 작별했다. 꿈에서 깨어 더욱 괴로운 마음으로 지난 일을 회상하였다. 이제 다행히 하공을 만나고 보니, 어제 꿈에 이군을 만난 것은 바로 오늘 하공을 만날 징조였다. 더욱이 정령(精靈)이 아직 없어지지 않은 사실을 알고 울며 탄식하였다. 하공은 대사간(이중망)의 외손이자 나의 조카사위이다. 나를 좋아해 항상 제 스스로 찾아왔고, 나도 이군과의 연고와 혼맥의 정의 때문에 마음이 무척 끌렸다. 그리하여 꿈에 한 말을 적어 그에게 주고, 또 꿈속에서 지은 시를 주었다. (乙丑仲秋旣望　余夢見李大諫仲望於樹下　情話未畢　李君起去　余攬其袖　卽吟短絶以贈別　覺來益苦追感　今幸見河公　昨之夢遇李君　乃今見河公之兆也　尤用泣嘆精靈之未泯也　河公卽大諫之外孫　而余之姪女夫也　愛我常自來訪　余亦以李君之故　又重姻恩之義　心事頗極繾綣　因述夢中所辭　識與之　又示夢贈之詩)

　- 대사간의 이름은 림(霖)인데, 을사년(1545)에 화를 입었다. 하공의 이름은 천서(天瑞)인데, 이공량의 사위이다.

나무 아래서 그대와 헤어졌으니
이 마음 그 누구와 같으랴.
속은 탔지만 아직 죽지 않아
반쪽 껍질은 남아 있다네.

記夢贈河君

樹下與君別, 此懷誰似之.
煻心猶未死, 只有半邊皮.

■
1. 중망은 남명의 벗 이림(李霖, ?~1546)의 자인데, 병조참의로 있다가 을사사화에 얽혀 의주로 유배되었으며, 이듬해 사약을 받고 죽었다.

떠돌아다니는 중에게 지어주다

　선생이 산해정에 있는데 어떤 중이 와서 뵈었다. 어디서 왔는지 물었더니, "삼각산에서 왔습니다"라고 했다. 하루 종일 머물며 앉아 있다가 하직하고 갔다. 그 다음날 이른 아침에도 또 왔다. 이렇게 사흘째 되던 날 아침에 하직하면서 말했다. "소승은 옛날 살던 산으로 돌아 가겠습니다" 하고는, 시축을 내밀며 절구 한 수를 청했다. 선생은 젊은 날 삼각산에서 공부한 적이 있으므로, 중의 말을 듣고 옛날 일을 생각하며 이 절구를 지었다.
先生在山海亭 有僧來謁 問其所自 曰 自三角山來 留坐終日 辭去 明早又來 如此三日 早辭曰 小僧還向故山 進詩軸 請一絶 先生早年 遊三角山 聞僧言 感舊作此絶句

그대는 한양 서쪽에 사니
삼각산을 오가겠구려.
정녕 다시 말 부치노니
이젠 편안히 다리를 쉬시게나.

贈行脚僧

渠在漢陽西, 揭來三角山.
丁寧還寄語, 立脚尙今安.

판서 정유길에게[1] 지어 주다

그대는 북쪽으로 돌아가는데
산 자고새인[2] 나는 남쪽에 사네.
정자 이름을 '산해'라고[3] 했더니
바다의 학이 뜰로 찾아와 절하네.

贈鄭判書惟吉

君能還冀北, 山鷓鴣吾南.
名亭曰山海, 海鶴來庭參.

■
1. 정유길(1515~1588)의 자는 길원(吉元)이고, 호는 임당(林塘)이다. 영의정 정광필의 손자로, 좌의정 벼슬을 지냈다.
2. 명종이 퇴계와 남명을 불러도 나오지 않자, 조정 신하 가운데 "이황과 조식은 산새와 같아, 산에 살도록 내버려 두는 게 좋습니다"라고 말한 사람이 있었다.
3. 남명은 "높은 산에 올라가 넓은 바다를 바라본다"는 뜻을 따서 김해 정자의 이름을 '산해'라고 하였다.

우연히 읊다

사람들이 바른 선비 사랑하는 게
호랑이 가죽을 좋아하는 것 같아,
살아 있을 땐 죽이려 하다가
죽은 뒤에는 칭찬하네.[1]

偶吟

人之愛正士. 好虎皮相似.
生則欲殺之, 死後方稱美.

■
1. 지봉이 (지봉유설에서) 이렇게 말했다. "이 말은 반드시 격해서 나온 것이니, 당시의 병통이 여기에 들어 있다."
어떤 사람이 회봉(晦峰)에게 물었다. "이 시는 명나라 문사 왕감주(王弇州)의 것일세. 그대도 그런 말을 듣지 못했는가?"
회봉이 이렇게 대답했다. "그게 아닐세. 연대로써 따져보면 감주는 남명보다 나중에 태어났고, 『남명집』이 처음 간행되었을 때에는 감주의 시가 아직 우리나라에 들어오지 않았는데, 어찌 『남명집』 가운데 끼어서 나올 수 있겠는가? 알 수가 없는 이야기일세."
그런데 이 시는 감주의 것이 아니라, 양명(陽明) 왕수인(王守仁)의 시이다. - 이가원 『옥류산장시화』

유정 산인에게[1] 지어 주다

돌로 된 홈통에 꽃 떨어지고
옛 절 축대에 봄이 깊었네.
헤어지는 시절을 잘 기억해 두게나
정당매가[2] 푸른 열매를 맺었다네.

贈山人惟政

花落槽淵石, 春深古寺臺.
別時勤記取, 靑子政堂梅.

■
1. 승병장 유정(1544~1610)은 초기에 한산(寒山)과 은봉(隱峰), 종봉(鍾峰)이라는 호를 썼으며, 한시를 지을 때에는 송운(松雲)이라는 호를 썼다. 사명당(四溟堂)은 자신이 지은 호이다. 산인은 중의 존칭이다.
2. 고려말에 강회백(姜淮伯)이 산청 단속사에서 공부할 때에 매화를 심었는데, 그의 벼슬이 정당문학(종2품)에 이르자 이 매화를 '정당매'라 불렀다. 지금도 단속사 절터에 그가 심은 정당매가 꽃을 피우고 있다.

삼족당에게 부치다[1]

세상일은 풍운과 함께 변하고
강은 세월과 같이 흘러가니,
고금 영웅의 뜻을
모두 한 척의 빈 배에 부치네.

寄三足堂

事與風雲變, 江同歲月流.
英雄今古意, 都付一虛舟.

---

1. 경술본 이후로는 제목을 "기김삼족박소요하담(寄金三足朴逍遙河淡)"으로 했다고 한다. "삼족당 김(대유)와 소요당 박하담에게 부치다"라는 뜻이다.

성동주에게 지어 주다
 - 성제원의 호이다.

작은 고을이라 공무가 없어
때때로 술 취한 세계에 드네.
눈에 온전한 소가 보이지 않는 칼 솜씨를[1]
어찌 닭을 잡다가 상하겠는가.[2]

■
1. 백정이 칼을 놓고 대답하였다. "제가 좋아하는 것은 도(道)로써 재주보다 앞서는 것입니다. 제가 처음 소를 잡을 때에는 눈에 보이는 것이 모두 소였으나, 3년이 지나자 이미 소의 모습은 눈에 보이지 않게 되었습니다. 지금 저는 정신으로 소를 대하지, 눈으로는 보지 않습니다. 눈의 작용이 멎게 되니 정신의 자연스러운 작용만 있게 되어, 저는 천리(天理)를 따라 큰 틈새와 빈 곳에 따라 칼을 놀리고 움직여 소의 본래의 구조 그대로를 따라갈 뿐입니다." - 『장자』「양생주(養生主)」
2. 공자께서 (자유가 원으로 있는) 무성(武城)에 가시어 (자유가) 거문고를 타면서 노래 부르는 것을 들었다. 공자께서 빙그레 웃으시며 말씀하셨다. "닭을 잡는데 어찌 소 잡는 칼을 쓰겠느냐?"
자유(子游)가 대답했다. "전에 제가 선생님께 들으니, '관리가 배우면 인의의 마음이 있게 되고, 백성들이 배우면 부리기가 쉽다'고 하셨습니다."
공자께서 말씀하셨다. "애들아. 언(偃)의 말이 옳다. 내 방금 말한 것은 농담이었다." - 『논어』「양화」

贈成東洲

斗縣無公事, 時時入醉鄉.
目牛無全刃, 焉用割鷄傷.

제목 없이[1]

약 먹고 오래 살기 바라지만
고죽군 아들만[2] 못하니,
수양산 고사리를 캐 먹세[3]
만고에 아직도 죽지 않았다네.

無題

服藥求長年, 不如孤竹子.
一食西山薇, 萬古猶不死.

■
1. 안정복의 『상헌수필(橡軒隨筆)』에는 이 시가 원나라 시인 노처도(盧處道)의 시「이제채미(夷齊採薇)」라고 되어 있다.
2. 백이(伯夷)와 숙제(叔齊)이다.
3. 주나라 무왕이 상나라를 칠 때에 백이와 숙제가 잘못을 간하자 병사들이 죽이려 했는데, 무왕이 의인이라 여겨 놓아 주었다. 그 뒤 두 사람은 수양산에 들어가 고사리를 캐먹다 죽었는데, 그들이 남긴「채미가」가 전한다. -『사기』「백이열전」

김렬에게 지어 주다

요임금 순임금은 나면서부터 알았던 성인이고
그 밖에는 배운 뒤에 안 현자라네.[1]
지금 그대는 아직 젊으니
옛사람보다 더 낫게 되기를.

贈金烈

堯舜生知聖, 其他學後賢.
君今齒尙潔, 庶可以光前.

■
1. 공자께서 말씀하셨다. "나면서부터 아는 것이 으뜸이고, 배워서 아는 것이 그 다음이며, 실천하는 가운데 어려움을 만나 비로소 배우는 것이 그 다음이다. 어려움을 만나서도 배우지 않는 것은 백성들이 그러한데, 이것이 가장 낮은 것이다.[孔子曰, 生而知之者, 上也, 學而知之者, 次也, 困而學之, 又其次也, 困而不學, 民斯爲下矣.]" - 『논어』「계씨(季氏)」

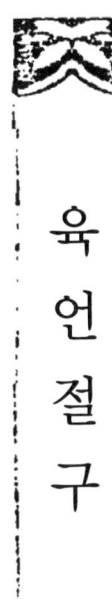

육언절구

건숙[1]에게 부치다

그대는 오봉루의[2] 솜씨로
요임금 시절인데도 밥 한 그릇 값이 못되네.
오래 된 조개에는 명월주가 감춰져 있건만[3]
임금께선 어찌 가짜만 찾아 쓰시는지.

寄健叔

之子五鳳樓手, 堯時不直一飯.
明月或藏老蚌, 山龍烏可騫楦.

■
1. 대곡(大谷) 성운(成運)의 자이다.
2. (송나라) 한부(韓溥)와 한계(韓洎) 형제는 둘 다 고문(古文)을 잘했는데, 아우 한계가 형 한부를 깔보며 "우리 형님의 문장은 새끼줄로 얽은 문지도리 초가집이니 겨우 비바람이나 가릴 수 있지만, 내 문장은 오봉루를 지을 솜씨입니다"라고 말했다. - 曾慥 『類說』 53 「談苑」
오봉루는 당나라 때에 낙양에 세워 현종이 큰 잔치를 베풀었던 곳인데, 뒷날 남조(南朝) 양(梁)나라 태조가 중건하였다. 높이가 백 길이나 되는 화려한 누각이었다고 한다. 한계가 "오봉루를 지을 솜씨"라고 스스로 자랑한 뒤부터, 오봉루는 아름다운 문장이라는 뜻으로 쓰였다.
3. 한나라 공융(孔融)이 위강(韋康)의 아버지에게 준 편지에서 "명주(明珠)가 늙은 조개에서 나왔다"고 했는데, 아버지보다 더 훌륭한 자식을 가리킨 말이다.

오언사운

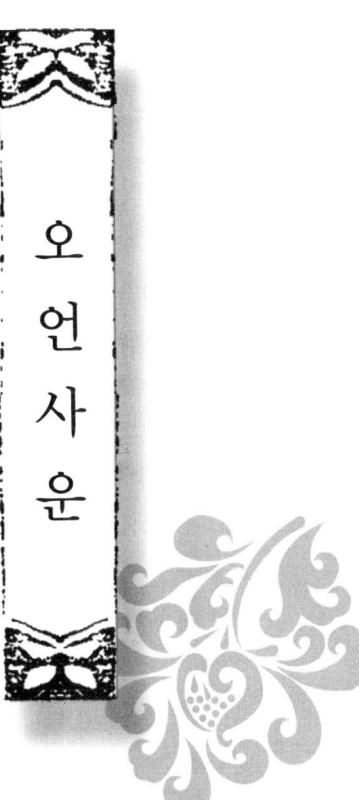

산속 절에서 우연히 읊다

숲속 천 년 된 옛 절에
사람이 외로운 학을 따라 찾아왔네.
중은 굶주려 아침 부엌 싸늘하고
오래 된 대웅전엔 밤 구름이 깊었네.
봉우리 위의 달빛을 등불로 삼아
물속 바위에서 방아 소리가 나네.
불전의 향불은 이미 꺼져
보이는 것이라곤 식은 마음뿐일세.

山寺偶吟

林下千年寺, 人隨獨鶴尋.
僧飢朝竈冷, 殿古夜雲深.
燈點峯頭月, 春聲水底砧.
佛前香火死, 唯見已灰心.

홀로 선 나무를 읊다

무리를 떠나 홀로 있노라니
비바람을 스스로 막기 어렵네.
늙어가며 머리가 없어졌고
상심하여 속이 다 타버렸네.
농부가 아침에 찾아와 밥을 먹고
야윈 말이 한낮에 그늘에서 쉬네.
다 죽어가는 등걸에서 무얼 배우나
하늘에 오르며 떴다 가라앉았다 하리.

詠獨樹

離群猶是獨, 風雨自難禁.
老去無頭頂, 傷來燬腹心.
穚夫朝耦飯, 瘦馬午依陰.
幾死查寧學, 升天只浮沈.

최현좌에게[1] 주다
 - (현좌는) 흥림(興霖)의 자이다.

안개와 구름 낀 금적산[2] 골짝에서
그대 만나니 두 줄기 눈물 흐르네.
뼈에 사무치도록 가난한 그대 가엾고
머리가 온통 눈빛이라 나도 한스럽네.
푸른 나무엔 비가 막 지나갔고
노란 국화는 바로 가을을 만났구나.
산에 돌아와 흰 달을 끌어안고
혼과 꿈을 한가함에 부쳤네.

贈崔賢佐

金積烟雲洞, 逢君雙涕流.
憐君貧到骨, 恨我雪渾頭.
碧樹初經雨, 黃花正得秋.
還山抱白月, 魂夢付悠悠.

■
1. 최흥림(1506~1581)의 호는 계당(溪堂)인데, 남명의 친구인 대곡 성운의 문인이다. 보은에 살며 금적정사를 짓고 학문에 정진하였다.
2. 충청북도 보은군 삼승면 서원리에 있는 산 이름이다.

이황강의 정자 문 위에 쓰다

두견새가 누구 위해[1] 우는지
외로운 꿈조차 꿀 수가 없네.
신세가 구덩이 속의 사슴 같아[2]
모래밭의 자라같이 뜻을 펴거나 숨어 지내네.[3]
풀 가에는 많은 길이 나 있건만
강가에는 오는 사람이 적네.
겹겹의 파초 잎은
겉은 벌어져도 속은 벌어지지 않았구나.

書李黃江亭楣

子規誰與叫, 孤夢不能裁.
身世隍中鹿, 行藏沙畔能.
草邊多路去, 江上少人來.
複複芭蕉葉, 外開心未開.

1. '여(與)'자가 어떤 본에는 '여(汝)'자로 되었다. (원주)
2. 정(鄭)나라의 어떤 사람이 들에 나가 나무를 하다가, 놀라서 달려오는 사슴을 만나 때려잡았다. 그는 남이 그 사슴을 볼까봐 얼결에 구덩이 속에 감추어 두고 나뭇섶으로 덮었다. 그리고는 기쁨을 이기지 못하고 있다가, 갑자기 감추어 둔 곳을 잊어버렸다. 그는 자기가 꿈을 꾸었던 게 아닌가 하고 생각하면서 중얼거리며 길을 걸었다. 곁에 한 사람이 있다가 그의 말을 듣고는 그의 말에 따라 사슴을 찾아냈다. 그는 돌아와서 자기 아내에게 그 사연을 말했다.
"조금 전에 한 나무꾼이 사슴을 잡은 꿈을 꾸었는데, 그 장소를 알지 못하겠다고 하더군. 내가 지금 그의 말을 따라 사슴을 주워 왔으니, 그는 바로 꿈을 실제로 꾸는 사람인 게야."
그의 아내가 말했다.
"당신이 나무꾼이 사슴을 잡은 꿈을 꾼 게 아닐까요? 그런 나무꾼이 어디 있겠어요? 지금 정말로 사슴을 얻었으니, 당신 꿈이 진짜인 게지요."
남편이 말했다.
"내가 이미 사슴을 얻었으니, 그 사람이 꿈을 꾸었건 내가 꿈을 꾸었건, 무슨 차이가 있겠소?"
나무꾼은 사슴을 잃은 것을 잊지 않고 있다가 그날 밤 정말로 사슴을 감추어 둔 곳을 꿈꾸고, 다시 그것을 가져간 사람에 대해서도 꿈꾸었다. 날이 밝자 꿈꾼 것에 따라 그를 찾아내고는, 마침내 소송을 걸어 사슴을 가지고 다투었다. 재판관이 말했다.
"그대는 애당초 사슴을 정말로 잡았으면서도 망녕되게 그것을 꿈이라 말했고, 사슴을 잡은 꿈을 꾸었을 때에는 망녕되게도 그것을 사실이라고 생각했다. 저 사람은 정말로 그대의 사슴을 가졌으면서도 그대와 사슴을 놓고 다투게 된 것이고, 그의 아내는 또 꿈에 남이 사슴을 잡아 놓은 것을 알게 된 것이니, 남이 사슴을 잡은 일이 없을 거라고 말하였다. 이제 이 사슴이 있다는 증거에 따라, 이것을 둘로 나누어 가지도록 해라."
정나라 임금이 그 말을 듣고 말했다. "아! 재판관은 꿈에 그 사슴을 다른 사람에게 나누어 준 것일 게다." - 『열자』 「주목왕(周穆王)」

3. 공자께서 안연(顔淵)에게 말씀하셨다.
"나를 써주면 행할 것이고, 써주지 않으면 감출 것이니, 너와 나만이 그렇게 할 수 있을 뿐이다."
자로가 말했다.
"선생님께 군대를 통솔하도록 맡긴다면, 누구와 함께 일을 하시겠습니까?"
공자께서 말씀하셨다.
"맨손으로 호랑이와 싸우고, 배 없이 강을 건너다 죽더라도 후회하지 않는 사람과는 함께 일하지 않을 것이다. 임무를 맡으면 두려워하고 신중히 하며, 일을 잘 도모해 완성할 수 있는 사람이라야 함께 할 것이다." - 『논어』「술이(述而)」
원문의 행장(行藏)은 "써주면 행하고, 써주지 않으면 감춘다(用之則行, 舍之則藏)"에서 나온 말이지만, 써준다고 해서 아무와 함께 일할 수 없음을 밝혔다.

삼족당에게 주다

뗏목 타고 은하수에 오르던 날[1]
귀 씻고[2] 보는 게 응당 싫었겠지.
나는 쇠뿔 두드리는 사람[3] 아니니
그대 어찌 양가죽 다섯 장으로[4] 구하겠는가.
가느단 풀 삼 년 푸르러
깨달은 마음 백 번 연단하네.
어여쁘게도 구름 잠들고 나니
산속 달이 다시 올라오누나.

贈三足堂

槎上牛津日, 應嫌洗耳看.
我非雙角扣, 渠豈五羖干.
細草三年綠, 醒心百鍊丹.
爲憐雲伴宿, 山月更生彎.

■
1. 한나라 장건(張騫)이 해마다 8월이면 바닷가에서 조수를 따라 밀려오는 뗏목을 타고 은하수에 올랐다고 한다. 이 시에서는 대궐에 가서 임금을 만났다는 뜻이다.

2. 요임금이 허유(許由)에게 천하를 물려주려고 하자, 허유가 더러운 말을 들었다고 기산에 들어가 영수(穎水)의 흐르는 물에 귀를 씻고 숨어 살았다.
3. 영척(甯戚)이 제나라 환공에게 벼슬을 얻으려고 하였지만, 곤궁해서 스스로 목적을 이룰 수가 없었다. 그래서 행상인이 되어 짐수레를 끌고 제나라로 가서 장사하며, 저녁에는 성문 밖에서 묵었다. 환공이 교외에서 손님을 맞이하여 밤중에 성문을 열고 들어오다가, 짐수레를 비키게 하였다. 횃불이 매우 밝고, 뒤따르는 수레도 매우 많았다. 영척은 수레 밑에서 소에게 꼴을 먹이고 있다가, 환공을 바라보고 슬피 쇠뿔을 두드리며 급히 상가(商歌)를 불렀다. 환공이 이 노랫소리를 듣고는 마부의 손을 잡아 수레를 멈추게 하면서,
"이상하다, 저 노래를 부르는 자는 보통 사람이 아니다."
하더니, 뒷수레에 싣고 오게 하였다. 환공이 궁중에 도착하자, 종자가 영척을 어떻게 처분할 것인지 물었다. 환공은 그에게 의관을 입혀 알현하게 하라고 하였다. 그리하여 영척이 천하를 다스리는 술책을 설명하자, 환공이 크게 기뻐하며 장차 그를 중용하려고 하였다. -『회남자』「도응훈(道應訓)」
4. (맹자의 제자인) 만장이 맹자에게 물었다.
"'백리해(百里奚)가 진나라에서 희생 제물을 기르는 자에게 양가죽 다섯 장을 받고 자신을 팔아, 그의 소를 키우며 진나라 목공(穆公)에게 써주기를 구했다'고 말하는 사람이 있습니다. 정말 그랬습니까?" -『맹자』권9「만장」상

하희서[1]의 죽음을 슬퍼하다
 - 자는 귀로(龜老)이다.

팔십 년 평생이 부족한 건 아니지만
서로 안 것이 한바탕 꿈같구나.
머리로는 선비의 도를 받드셨고
입으로는 한강의 물고기를 드셨지.
그대 아버지는 단청을 잘하셨고[2]
여러 손자들은 예서(禮書)를 좋아하였지.
그대와 마주잡던 손으로
그대의 옷소매를 부여잡지 못하네.

輓河希瑞

八十年非乏, 相知一夢如.
頭承章甫道, 口喫漢江魚.
若考塗丹雘, 諸孫好禮書.
未將携手手, 摻執子之裾.

■
1. 하면(河沔)의 부친이자 송정(松亭) 하수일(河受一)·천일(天一)·성일(成一) 형제의 조부인데, 1525년 생원시에 합격하였다.
2. 화려한 집안을 더 빛나게 했다는 뜻이다.

칠언절구

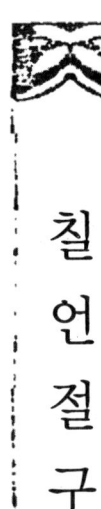

단속사[1] 정당매
 - 진주에 있다.

절은 부서지고 중은 파리한데다 산도 옛날 같지 않으니
전 왕조의 임금이 집안 단속을 잘하지 못했구나.
추위 속에 지조 지키는 매화의 일을 조물주가 그르쳤으니
어제도 꽃을 피우고 오늘도 꽃을 피웠구나.[2]

斷俗寺政堂梅

寺破僧羸山不古. 前王自是未堪家.
化工正誤寒梅事, 昨日開花今日花.

■
1. 경상남도 산청군 단성면 운리에 있던 절이다. 지금 절은 없어지고, 탑만 남아 있다.
2. 고려말기의 정당문학(政堂文學 2품)을 지낸 통정(通亭) 강회백(姜淮伯)은 고려가 망하자 지조를 지키지 않고 조선왕조에 벼슬했다. 그가 매화를 좋아해 심고도 자신은 매화같이 살지 못했음을 풍자한 것이다. 그가 심은 매화를 정당매라고 하는데, 지금도 단속사 옛터에 살아 있다.

인숙을 보내며
- (인숙은) 이공량(李公亮)의 자인데, 선생의 자형이다.

절 이름은 동향사인데 그대는 서쪽으로 가시니
한 해 만났다 헤어진 것이 한평생 같네.
봄 깊은 지리산은 남쪽 바다와 멀어
한강물이 서쪽으로 흐르니 물고기도 오지 못하겠네.[1]

送寅叔

寺名東向君西向. 一年携貳一生同.
春深智異南冥遠, 漢水西流魚不通.

■
1. 먼 곳에서 온 나그네가
   내게 잉어 한 쌍을 주었네.
   아이를 불러 잉어를 삶으라 했더니
   그 속에서 비단에 쓴 편지가 나왔네. - 고악부(古樂府)에서 예부터 잉어(물고기)는 시에서 편지라는 뜻으로 쓰였다. 이 시에서는 편지가 오기 힘들다는 뜻이다.

산속에서 즉흥적으로 읊다

이전의 육십 년은 하늘이 빌려 주셨고
이제부터 구름 낀 산은 땅이 빌려 주셨네.
막다른 길에도 다시 길은 있으니
그윽한 오솔길 찾아 고사리 캐어 돌아오네.

山中卽事

從前六十天曾假. 此後雲山地借之.
猶是窮途還有路, 却尋幽逕採薇歸.

또 짓다

날 저무는데 산골 아이가 호미를 메고 서서
김맬 때도 묻지 않고 심을 때도 잊어버렸네.
오경에 학이 울자 새벽꿈을 깨어
자신이 개미나라 왕을[1] 겸했다는 걸 비로소 알았네.

又

日暮山童荷鋤長. 耘時不問種時忘.
五更鶴唳驚殘夢, 始覺身兼蟻國王.

---

1. 순우분(淳于棼)이 느티나무 아래에서 술을 마시다 취해 누웠는데, 꿈에 구멍 속으로 들어갔더니 괴안국(槐安國)이 있었다. 왕이 순우분을 임명하여 남가태수(南柯太守)를 삼자 놀라 깨었는데, 묵은 느티나무 아래 구멍이 뚫려 사람이 드나들 만했다. 그 속에 큰 개미가 있었는데, 바로 그 개미가 왕이었고, 구멍이 남쪽 가지로 통했는데 그곳이 바로 남가군(南柯郡)이었다. -『이문록(異聞錄)』
한때의 부귀 영화가 모두 꿈이라는 뜻이다.

감사 정종영이[1] 들렀기에

봉황새 높이 나는데 바람 기다릴 필요 없으니
감사[2]께서도 베옷 입은 나와 어울리시네.
손님 대접에 좋은 음식 없다고 꺼리지 마소.
구름 낀 산 일만 겹이 소반에 담겼다오.

鄭監司宗榮見過

丹鳳高飛不待風. 金章還與布衣同.
莫嫌餉客無長物, 盤面雲山一萬重.

1. 정종영(1513~1589)의 자는 인길(仁吉), 호는 항재(恒齋)인데, 1552년과 1562년 두 차례 경상도관찰사를 역임하였다.
2. 원문의 금장(金章)은 동장(銅章)과 같이 쓰였는데, 구리로 만든 인장과 검은 인끈[銅章墨綬]은 한나라 때 현령(縣令)의 장식(章飾)이다. 물론 금장을 글자 그대로 풀어쓰면 금인자수(金印紫綬)가 되는데, 이는 재상이 사용했으니 지방관이었던 관찰사 정종영의 경우에는 해당되지 않는다.

자형 인숙과 헤어지면서 지어주다

쌓인 시름 풀 같아 비 오자 새로워져
반평생 살아오며 지금이 가장 쓰라리네.
갈림길에서 말에 기대어 둘 다 말이 없는데
하늘 끝으로 사라지는 길은 또 봄이 되네.

贈別姊兄寅叔

積憂如草雨中新. 太半生來此最辛.
倚馬臨歧渾不語, 天涯消道又成春.

강가 정자에서 우연히 읊다

병으로 높은 집에 누워 낮 꿈이 번거로운데
구름 속 나무는 몇 겹이나 무릉도원을 가렸나.
새 물은 푸른 옥보다 깨끗하건만
밉기도 해라! 물찬 제비가 흔적을 남기다니.

江亭偶吟

臥疾高齋晝夢煩. 幾重雲樹隔桃源.
新水淨於靑玉面, 爲憎飛燕蹴生痕.

친구의 시에 차운하다

두둥실 버드나무 배에 목란 노를 저었네.
님은 구름 너머 어디 계시나.
순채국과 농어회[1] 속에 많은 뜻이 있으니
강동으로 가는 돛단배 만나 살펴보시게.

次友人韻

泛泛楊舟檣木蘭. 美人何處隔雲間.
蓴鱸裏面猶多意, 只會江東一帆看.

■
1. 진(晉)나라의 문장가 장한(張翰)의 고향이 오군(吳郡)이었는데, 제왕(齊王) 경(冏)의 동조연(東曹掾)으로 있었다. 가을 바람이 불자 갑자기 고향의 명산물인 순채국과 농어회가 생각나므로, "인생이란 자기 뜻에 맞게 사는 게 좋다. 무엇 때문에 벼슬에 얽매어 타향에 있겠는가?"라고 말한 뒤에 고향으로 돌아갔다.

명경대[1]
- 자굴산(闍窟山)에[2] 있다.

도끼로 바위[3]를 깎아 산 북쪽에 세웠는데
소매로 하늘을 치며 붕새는[4] 남으로 날아가네.
훌쩍 떠나 열흘 뒤에 돌아오려고
바닷가에 다녀오겠다고 일행에게 알리네.

明鏡臺

斧下雲根山北立, 袖翻天窟鳳南移.
冷然我欲經旬返, 爲報同行自岸歸.

---

1. 경상남도 의령군 자굴산 북쪽 기슭에 깎아지른 수십 길 절벽이 있는데, 그 위에 수십 명이 앉아 놀 수 있는 바위가 바로 명경대이다. 남명이 29세부터 그 아래 절에서 글을 읽었다.
2. 의령군의 진산인데, 892m이다.
3. 구름이 바위틈이나 산에서 일어난다고 생각했으므로, 바위나 산을 운근(雲根)이라고도 표현했다.
4. (원문의) 봉(鳳)자는 옛날의 붕(朋)자인데, 선생 자신을 가리킨 말이다. (원주)

국화

삼월에 꽃을 피워 비단으로 성을 이루는데
어이해 가을 다 지나서야 국화는 꽃을 피우나.
조물주가 서리에 시들어 떨어지는 걸 허락지 않은 건
저물어 가는 해의 다하지 못한 정을 위해서겠지.

菊花

三月開花錦作城. 如何秋盡菊生英.
化工不許霜彫落, 應爲殘年未盡情.

덕산에서 우연히 읊다

우연히 사륜동에 살다가[1]
오늘 비로소 조물주가 속이는 줄 알았네.
일부러 공연한 편지 보내 숫자나 채우는 은자로 만들어
임금이 부르는 사자 일곱 번이나 왔다오.[2]

德山偶吟

偶然居住絲綸洞, 今日方知造物給.
故遣空緘充隱去, 爲成廝到七番來.

---

1. 사륜동은 지금의 경상남도 산청군 시천면 사리(絲里)인데, 남명이 환갑 되던 1561년에 사륜동으로 이사하여 산천재를 세우고 제자들의 거처와 강학의 장소로 삼았다. 사륜은 임금이 내리는 글인 조서(詔書)라는 뜻도 있다.
2. 1566년 7월, 8월, 10월, 1567년 11월, 12월, 1568년 5월, 1569년, 1570년에 교서를 내려 불렀다. 글자 그대로 일곱 번째라면 1569년 일인데, 종친부 전첨(典籤 정4품)에 임명되었지만 병으로 사양하고 나가지 않았다.

연꽃을 읊다

꽃봉오리 날렵하고 푸른 잎 연못에 가득하니
덕스런 향기를 누가 이처럼 피워내랴.
보시게나. 말없이 뻘 속에 있을지라도[1]
해바라기가 햇빛을 향하는 것과는 다르다는 걸.

詠蓮

華蓋亭亭翠滿塘. 德馨誰與此生香.
請看黙黙淤泥在, 不啻葵花向日光.

---

1. 송나라 성리학자 주돈이의 「애련설(愛蓮說)」에 "나만은 홀로 연꽃이 진뻘에서 자라면서도 더럽혀지지 않는 점을 사랑한다"라고 하였다.

또 읊다

다만 연꽃이 유하혜의 기풍 있음을 사랑하여
손으로 당겨 보아도 연못 속에 그대로 있네.
고죽군의 편협함을[1] 응당 싫어해
맑은 향기를 멀리 퍼뜨려 이 늙은이에게까지 이르렀네.

又

只愛芙蕖柳下風. 援而還止于潢中.
應嫌孤竹方爲隘, 遠播淸香到老翁.

■
1. 백이(伯夷)는 섬길 만한 임금이 아니면 섬기지 않았고, 사귈 만한 친구가 아니면 사귀지 않았다. 악한 사람의 조정에는 서지 않았고, 악한 사람과는 말도 하지 않았다. (줄임) 유하혜(柳下惠)는 더러운 임금을 섬기는 것도 부끄러워하지 않았고, 하찮은 벼슬자리도 낮게 여기지 않았다. (줄임) 그래서 "너는 너고, 나는 나다. 네가 비록 내 곁에서 옷을 벗고 알몸뚱이를 내놓은들, 네가 어찌 나를 더럽힐 수 있겠느냐?"라고 말했던 것이다. -『맹자』「공손추 상」

봉명루[1]
- 진주에 있다.

기산(岐山)[2] 아래 남은 소리가 이 누각에 있어
친하고 어질며 즐겁고 이롭게 여기는[3] 뜻이 지금까지 아련하구나.
촉석루를 새로 세운 뒤부터
봉황새 울음소리가[4] 강물 따라 오르내리네.

鳳鳴樓

岐下遺音屬有樓. 親賢樂利迄悠悠.
自從矗石新開宇, 六六鳴隨上下流.

■
1. 진주 객관 남쪽에 있던 누정인데, 진주목사 최이가 중건하고, 하륜이 기문을 지었다.
2. 중국 섬서성 기산현 동북쪽에 있는 산인데, 주나라 고공단보가 이곳에 도읍을 정했다. 문왕이 기산에서 거문고를 타자 봉황이 와서 춤을 추었다고 한다.
3. 군자는 어진 사람을 어질게 여기고, 친한 사람을 친하게 여긴다. 소인은 즐거움을 즐겁게 여기고, 이로움을 이롭게 여긴다. -『대학』
주나라 문왕이나 무왕의 공덕이 후대의 임금이나 사람들에게까지 미침을 말한 것이다.
4. 육륙(六六)은 새의 울음소리이다. - 유희『물명고(物名攷)』
'끼룩끼룩'을 표현한 의성어인데, 정자 이름이 봉명루이므로 봉황의 울음소리라고 번역하였다.

「항우전」을¹ 읽고

영웅이 죽어 가니 운수 없음을 알겠건만
「오추가(烏騅歌)」에² 이르자 목이 메어 읽을 수 없네.
나무가 뽑히고 한낮에 어두운 건³ 하늘 뜻이 있었겠건만
어찌하여 눈동자 둘인 사람을⁴ 거듭 낳으셨나.

讀項羽傳

英雄死去知無數, 讀到騅歌咽不成.
拔木晝冥天意在, 如何重作兩瞳生.

■
1. 사마천의 『사기』에는 「항우본기(項羽本紀)」라 하고, 반고의 『한서』에는 「항우전」이라 했다. 황제로 인정하고 하지 않은 차이이다.
2. 항왕(項王)의 군대는 해하(垓下)에 방벽을 쌓았는데, 군사는 적고 군량은 다 떨어진 데다 한나라 군대와 제후의 군대에게 여러 겹으로 포위되어 있었다. (줄임) 항왕에게는 우(虞)라는 미인이 있었는데, 언제나 총애를 받으며 모시고 따랐다. 또 추(騅)라는 준마가 있었는데, 언제나 이 말을 타고 다녔다. 항왕이 강개한 심정으로 비통함을 노래하며, 스스로 시를 지어 읊었다.

힘은 산을 뽑고 기운은 세상을 덮지만
때가 불리하니 오추마도 가지 않는구나.
오추마가 가지 않으니 난들 어찌하랴
우(虞)여! 우여! 너를 어찌하랴.
力拔山兮氣蓋世. 時不利兮騅不逝.
騅不逝兮可奈何, 虞兮虞兮奈若何.

항왕이 여러 차례 노래 부르자, 미인도 따라 불렀다. 항왕의 뺨에 몇 줄기 눈물이 흘러내리자, 좌우에서 모두 눈물을 흘리며 차마 쳐다보지 못하였다. - 『사기』「항우본기」

3. 항왕이 새벽에 서쪽 소현에서부터 한나라 군사를 공격하고 동쪽으로 진격하여 팽성에 이르니, 정오 무렵에 한나라 군사를 크게 격파하였다. 한나라 군사는 모두 달아나다가 곡수(穀水)와 사수(泗水)에 빠졌으며, 여기서 죽은 한나라 병졸이 10만여 명이나 되었다. 한나라 군사들이 모두 남쪽 산으로 달아나자 초나라 군사가 또 추격하여 영벽(靈壁)의 동쪽 수수(睢水)에 이르렀다. 한나라 군사가 퇴각하여 초나라 군사에게 밀리게 되자, 많은 병사들이 죽임을 당했다. 한나라 병졸 10만이 모두 수수에 빠져서, 수수가 흐르지 못할 정도였다. 초나라 군사가 한왕을 겹겹이 포위하자 큰 바람이 서북쪽에서 일어나 나무를 부러뜨리고 집을 날려버리며 모래와 돌을 날렸다. 사방이 칠흑처럼 어두워지며 바람이 초나라 군사를 향해 불어닥치기 시작했다. 초나라 군사가 혼비백산하자 한왕이 수십 기(騎)의 병사와 더불어 달아날 수 있었다. - 『사기』「항우본기」

4. 내가 주생(周生)에게서 "순(舜)의 눈은 눈동자가 둘이다"라는 말을 들었는데, 또 항우도 눈동자가 둘이라는 말을 들었다. 그러나 항우가 어찌 순임금의 후예이겠는가? - 『사기』「항우본기」

명월사에서[1] 독서하는 유계선과[2] 어사공에게[3] 부치다

모였다 흩어지는 데 본디 마(魔)가 있는 걸 이제 알았네.
그대 수레가 여기 없으니 참으로 탄식스럽구나.
겨울밤이니 삼경쯤에 글 읽기를 끝냈을 테지.
합격하면 어떻고 떨어지면 어떠랴.
 -결(決)자가 어떤 본에는 결(缺)자로 되어 있다.

寄柳繼先魚士拱明月寺讀書

聚散方知固有魔. 公車無此信堪嗟.
二更唇罷三冬夜, 一挿何如決一叉.

---

1. 김해 명월산에 있는 절이다.
2. 유계선의 자는 군술(君述)인데, 1546년 생원시에 합격하였다.
3. 사공은 어응신(魚應辰)의 자이다. 어구준(魚求濬)의 아들로, 1528년 생원시에 합격하였다.

송정승에게 화답하여 부치다
  - 이름은 찬이다.[1]

천주봉 높은 봉우리가 구름 속에 숨었다가
상공이 오시니 얼굴을 드러냈네.
산골 늙은이는 기장 술에 취했는데
고명하신 분 마주하니 정이 다하지 않네.

和寄宋相

泰嶽雲藏天柱峯, 相公來到爲開容.
山翁黍麥醺無類, 對與高明未有窮.

---
1. 송찬(宋贊, 1510~1601)의 자는 치숙(治叔), 호는 서교(西郊)인데 벼슬은 판중추부사에 이르렀고 청백리에 뽑혔다.

박사공에게[1] 지어 주다

해당화 져서[2] 서리처럼 날리니
그대 다정하여 향기 맡으려 하네.
절묘한 그림이지만 살아 있지 않으니
날아왔던 나비가 돌아가기 바쁘겠네.

贈朴君思恭

海棠花謝又翻霜. 之子多情欲嗅香.
都識妙畵渾不活, 飛來蝴蝶去應忙.

■
1. 박사공(1519~?)의 자는 경부(敬夫)인데, 1552년 문과에 급제하여 흥해군수와 장령을 역임하였다.
2. '화사(花謝)'가 어떤 데에는 '지상(枝上)'으로 되어 있다. (원주) 그렇게 되면 "해당화 가지 위에 서리가 흩날리네"라고 번역된다.

도사 장의중에게[1] 답하여 지어주다

복성(福星)이 방금 비치어 그대 행차 움직였는데[2]
시간이 흐르고 흘러 늦가을이 되었구나.
깊이 한탄하노라! 내 집안이 가난하여
옛 친구 만나고도 풍류 즐기지 못하다니.

答贈張都事儀仲

福星方作綵眞遊. 行邁兟兟屬暮秋.
深恨故人家道遜, 相逢無以對風流.

---

1. 의중은 장범(張範)의 자인데, 1546년 진사, 1549년 문과에 급제하고 군수를 역임하였다.
2. 선우신(鮮于侁)이 절동전운사(浙東轉運使)가 되어 떠나려고 하자 사마광(司馬光)이 말했다. "이제 자준(子駿)이 아니면 동쪽 지방의 폐단을 구제할 수 없다. 이 일대에 복성(福星)이 비쳤다." - 『산당사고(山堂肆考)』
자준은 선우신의 자이고, 복성은 복을 주관하는 별이다.

희감 스님에게 지어주다

상방이 고즈넉이 황혼에 잠겼는데
대 그림자 솔바람 소리에 도(道)가 절로 있구나.
기심(機心)은[1] 끊었지만 시 좋아하는 버릇은 있어
아름다운 시를 가지고 남의 문을 두드리네.

贈熙鑑師

上房岑寂鎖黃昏. 竹影松聲道自存.
斷盡機心詩癖在, 強將佳句扣人門.

▪
1. 바닷가에서 갈매기를 좋아하는 이가 살고 있었다. 매일 아침 바닷가에 나가서 갈매기들과 같이 놀았는데, 놀러 오는 갈매기가 백 마리도 넘었다. 어느 날 그의 아버지가 말했다.
"내 들으니 갈매기가 모두 너와 더불어 논다는구나. 네가 한 마리만 잡아 오너라. 내 그걸 갖고 장난하고 싶으니."
그 다음날 바닷가에 나가 보니 갈매기들은 하늘에서 맴돌 뿐 내려오지 않았다. -『열자』「황제」편
남을 해치려는 마음이 바로 기심(機心)이다.

청향당에서 여덟 수를 읊다
- 이원(李源)의 당호이다.

대에 부는 바람

세 친구 쓸쓸하고 오솔길 하나[1] 통하니
한미한 사람 이루기 힘든 공 좋아하는 게 가장 가엾네.
꺼림칙하구나! 소나무와 한편이 되지 않고서
바람에 내맡겨 형세 따라 오르내리는 것이.

淸香堂八詠 竹風

三益蕭蕭一逕通. 最憐寒族愛難功.
猶嫌未與髥君便, 隨勢低昂任却風.

■
1. 한나라 은자 장허(蔣詡)가 뜰에다 세 갈래 오솔길을 만들고 소나무와 대나무, 국화를 심었다. 마음에 맞는 친구가 찾아오면 함께 이 길을 거닐었다. 그 뒤부터는 삼경(三逕)이 은둔자의 뜰을 가리키는 말로 쓰였다.

거문고 소리

세 성인[1] 오묘한 뜻이 한 거문고에 있어
조용히 거두는 곳이 바로 참된 소리일세.
부끄럽구나! 그대가 내게 아양곡을[2] 권하건만
보잘것없는 내가 어찌 알고 읊조릴 수 있으랴.

琴韻

三聖幽微在一琴. 寂然收處是眞音.
慚君勉我峩洋韻, 薄劣如何會得吟.

■
1. 우(禹)임금, 주공(周公), 공자를 가리키는데, 유교의 문물제도를 정리하며 음악을 중요하게 여겼다.
2. 백아(伯牙)가 거문고를 타는데, 높은 산에 뜻이 있으면 (그의 친구) 종자기(鍾子期)가 듣고서, "태산같이 높구나"라고 말하였다. 또 흐르는 물에 뜻이 있으면 종자기가 듣고서, "강물처럼 넓구나"라고 하였다. 백아가 생각한 것을 종자기가 반드시 알아맞혔다. 종자기가 죽자, 백아가 "지음(知音)이 없다"면서 거문고 줄을 끊어버렸다. - 『열자』「탕문편(湯問篇)」
높은 산[峨]와 넓은 바다[洋]를 합하여, 아양곡(峨洋曲)이라 한 것이다.

경전

광문이[1] 자못 자운의[2] 집과 같아
옛일 상고하여 얻은 바가 많네.
살아있는 법은 마루 아래 수레 깎는 사람이 터득했으니
다섯 수레의 책도 '사무사(思無邪)' 한 가지에 있네.

經傳

廣文頗似子雲家. 稽古由來得力多.
活法會須堂下斲, 五車書在一無邪.

---

1. 광문(廣文)은 각 지방 향교의 종9품 훈도를 가리키는데, 이원이 훈도를 지낸 적이 있다. 이 시에서는 가난하게 사는 선비라는 뜻이기도 하다.
2. 한나라 때의 학자 양웅(揚雄)의 자인데, 『논어』를 본떠 『양자법언(揚子法言)』을 짓고, 『주역』을 본떠 『태현경』을 지었다. 사람들이 알아주지 않자, "후대에 나의 자운이 있을 것이다"라고 하였다.

백운동에서[1] 놀며

천하 영웅들을 부끄럽게 한 것은
일생의 공이 유(留) 땅에 봉해진[2] 데 있네.
끝없이 푸른 산에 봄바람이 불건만
서쪽을 치고 동쪽을 쳐도 아직 공을 이루지 못했네.

遊白雲洞

天下英雄所可羞. 一生筋力在封留.
靑山無限春風面, 西伐東征定未收.

---

1. 경상남도 산청군 단성면 백운리 안쪽 골짜기이다.
2. 한나라 고조(高祖)가 천하를 통일하고, 공신들을 여러 곳에 제후로 봉하였다. "군막(軍幕)에서 작전을 짜내어 천리 밖에서 승리를 얻게 한 것은 장량(張良)의 공이다"라고 하며 장량에게 제(齊)땅 삼만 호를 식읍(食邑)으로 봉해 주자, 그는 "폐하께서 신이 낸 계획을 실행하셔서 다행히 들어맞은 것입니다. 신이 폐하를 유(留)땅에서 만났으니, 그 조그만 땅에 봉해 주소서"라고 청하였다. 한나라가 도읍을 장안으로 옮기자, 그는 "(신선) 적송자를 따르겠다"며 따라가지 않고 자연 속에 노닐었다. 세상에 대한 욕심이 더 이상 없음을 보인 것인데, 결국 한신이나 팽월 같은 다른 공신들은 나중에 의심을 받고 처형당했다.

이름 없는 꽃
  - 건숙(健叔)에게 부친다

한 해의 생장 소멸을 오랫동안 맡았지만
이름과 향기는 묻혀버려 세상에서 모르네.
이름과 향기는 모두 자신에게 누가 되니
서울에서[1] 일찍이 몇 사람이나 돌아왔던가.

無名花

一年消息管多時. 名與香埋世不知.
摠是名香爲己累, 洛陽曾得幾人歸.

---

1. 낙양은 주나라 서울인데, 낙수(洛水) 북쪽에 있어 낙양이라고 했다. 왕조가 바뀐 뒤에도 낙양이 여러 차례 수도가 되었으므로, 시에서 '도읍'이라는 뜻으로 자주 썼다.

학사 이중영을 보내며 지어 주다

그대 보내노라니 강 위의 달도 한스러워 해
붓으로 그리려 해도 이 깊은 마음 어찌 그리랴.
이 얼굴은 이제부터 오랫동안 이별의 얼굴 되겠지만
이 마음은 길이길이 헤어지지 않는 마음이라네.

贐別李學士增榮

送君江月千尋恨, 畵筆何能畵得深.
此面由今長別面, 此心長是未離心.

산해정 궂은비 속에

산속의 거처가 늘 어둑어둑해
해를 볼 기약 없고 땅을 보기도 어렵네.
하느님께선 도리어 단단히 지켜
반쪽 얼굴도 일찍이 열어 보인 적이 없네.

山海亭苦雨

山居長在晦冥間. 見日無期見地難.
上帝還應成戌會, 未曾開了半邊顏.

되는 대로 이루다

가졌다 버렸다 하는 세상인심 나무랄 것 못 되지만
구름마저 아첨할 줄이야 어찌 알았으랴.
먼저 개인 날을 틈타 다투어 남으로 내려왔다가
날 흐리면 다투어 북으로 내달리누나.

謾成

取舍人情不足誅. 寧知雲亦獻深諛.
先乘霽日爭南下, 却向陰時競北趨.

냇물에 목욕하다

- 기유년(1549) 8월 초에 우연히 감악산 아래에서 놀았는데, 함양의 문사 임희무(林希茂)와 박승원(朴承元)이 듣고 달려와 함께 목욕하였다.

온 몸이 사십 년 동안 더럽혀져
천 섬 맑은 못에 다 씻어 버렸네.
티끌이 만약 오장에서 생긴다면
지금 곧바로 배 쪼개 흐르는 물에 부치리라.

浴川

全身四十年前累. 千斛淸淵洗盡休.
塵土倘能生五內, 直今刳腹付歸流.

덕산에 살 곳을 잡다

봄 산 어딘들 향기로운 풀 없으랴만
천왕봉[1]이 하늘에 가까운 걸 사랑해서일세.
맨손으로 돌아와 무얼 먹으려나.
은하수 십 리를 먹고도 남으리.

德山卜居

春山底處無芳草, 只愛天王近帝居.
白手歸來何物食, 銀河十里喫猶餘.

■
1. 덕산 산천재 서북쪽으로 보이는 지리산의 최고봉이다.

아들을 잃고서

집도 없고 아들도 없는 게 중과 비슷해
뿌리도 꼭지도 없는 내 모습이 구름 같구나.
한평생 보내며 어쩔 수 없어
여생을 돌아보니 눈처럼 어지러워라.

喪子

靡室靡兒僧似我, 無根無蔕我如雲.
送了一生無可柰, 餘年回首雪紛紛.

서쪽 집 늙은이에게 부치다

만 겹 푸른 산 곳곳에 아지랑이
나는 하늘만 보이는 골짜기를 온전히 사랑하네.
애쓰던 제갈량은 결국 무얼 했나
손권에게 무릎 굽히고 나아가 겨우 삼국을 만들었네.[1]

寄西舍翁

萬疊靑山萬市嵐. 一身全愛一天函.
區區諸葛終何事, 膝就孫郞僅得三.

■
1. 제갈량이 오나라 왕 손권(孫權)을 찾아가 설득해서 유비(劉備)와 오나라가 연합해 조조(曹操)의 대군을 적벽에서 크게 무찔렀다. 그런 다음 손권에게 형주(荊州)를 빌려 조조에게 쫓겨와 있던 유비가 촉나라를 세울 기틀을 마련하고, 삼국이 정립할 수 있게 되었다.

황강의 정자에 쓰다

강가에 제비 어지럽게 날아 비 내릴 것 같은데
누런 보리와 누렁 송아지 분간할 수 없네.
지난번부터 나그네 마음은 까닭도 없이
외로운 기러기 되었다가 구름도 되네.

題黃江亭舍

江燕差池雨欲昏, 麥黃黃犢不能分.
向來客意無詮次, 旋作孤鴻又作雲.

양산 쌍벽루[1] 시에 차운하다

푸른 물 푸른 대나무에 세월이 살같이 흘러
지는 가을 달 아래 차가운 잎이 떨어지네.
양주 강가에 제사지내는 사람 없어
눈에 가득 돌아가는 구름이 시름겹지만은 않네.

次梁山雙碧樓韻

綠水靑籌銀箭流. 落來寒葉桂殘秋.
無人酹去良州干, 滿目歸雲不滿愁.

▪
1. 쌍벽루는 징심헌(澄心軒) 남쪽에 있는데, 누 아래에 (푸른) 물과 대나무가 서로 비치므로 (쌍심루라고) 이름 지었다. 김시용(金時用)의 기문에 이렇게 설명하였다. "양산군에 시내가 있는데, 지금의 안동도호부사 이공이 예전 양산의 지군(知郡)으로 있을 때에 그 위에 누를 세우고 벽계(碧磎)라 하였다. 홍무 신유년(1381) 봄에 왜적이 양산에 침입하여 불을 지르자, 양산 백성들이 그 땅을 잃고 속현(屬縣) 동평(東平)에 성을 세우고 옮겨가서 사는데, 항상 고향을 생각하는 마음이 있어 돌아가 정착하기를 바라고 모여든 지가 여러 해 되었다. 임신년(1392) 10월에 현풍 감무 전평원(田平遠)이 어진 목민관으로 양산에 옮겨오게 되었다. 처음에 현풍은 밀양에 예속되어 조정의 명령을 받는 데나 일을 시키는 데 지장이 있어, 폐단이 날로 심했었다. 나라에서 전사또를 천거해 그 일을 맡아보게 하자, 떠돌던 백성들이 돌아오고 모든 일이 잘 처리되었다. 이 쌍벽루도 백성들이 떠돌아다니다가 지은 것인데, 다른 고을보다 나았다. 한 고을이 다스려지자 모두 (양산에서) 사는 것을 즐거워했다." -『신증 동국여지승람』「양산군」

포석정
 - 경주에 있다.

단풍 든 계림에[1] 벌써 가지가 변했으니
견훤이 신라를 멸망시킨 것은 아닐세.
포석정에서 왕궁 군사가 정벌을 자초한 것이니
이 지경이 되면 임금과 신하도 어쩔 수가 없네.

鮑石亭

楓葉鷄林已改柯. 甄萱不是滅新羅.
鮑亭自召宮兵伐, 到此君臣無計何.

■
1. 최(치원)공이 고려가 장차 흥할 것을 알고 임금에게 상소하는 글 가운데,
  계림은 누렇게 물든 나뭇잎인데
  곡령은 푸른 솔일세.
  鷄林黃葉, 鵠嶺靑松.
라는 구절을 썼다. 신라 임금이 그 말을 듣고 미워하자, 가야산 해인사에 들어가 숨었다. -『동사보감』
계림은 경주이고, 곡령은 개성(송도)에 있는 송악산을 가리킨다.

성중려에게 지어 주다

1.
석 줄 편지가 삼년 만에 보는 얼굴이라
찬찬히 볼수록 마음이 안타깝네.
살고 죽는 건 어쩔 수 없지만
두 집 식구들 춥고 굶주리니 둘은 무슨 사람인가.

贈成中慮

三行信字三年面, 細細看來細斷神.
生活死休俱可已, 兩家寒餒兩何人.

2.
천 겹 주름이 그대 때문 아니니
한평생 우정이 거의 삼산에 있네.
구름 깃든 모악에 싸리나무 갈라섰으니
이 밖에 나그네 궁함은 관계치 않네.

又

千疊皮嶓非子故, 一生投度幾三山.
雲栖母岳荊分樹, 此外羈窮摠不關.

청향당 시에 화답하다

네 가지가 같아[1] 새로 안 사람과는 다르니
나를 일찍이 종자기[2]에게 견주었지.
칠언 오언의 시가 만금의 가치 있건만
옆 사람은 한 편의 시로만 보아 넘기는구나.

和淸香堂詩

四同應不在新知. 擬我曾於鍾子期.
七字五言金直萬, 傍人看作一篇詩.

■
1. 청향당 이원(李源)과 남명은 같은 해, 같은 경상도에 태어났는데, 마음이 같고 덕이 같아 네 가지가 같다고 하였다.
2. 백아(伯牙)가 거문고를 타는데, 높은 산에 뜻이 있으면 (그의 친구) 종자기(鍾子期)가 듣고서, "태산같이 높구나"라고 말하였다. 또 흐르는 물에 뜻이 있으면 종자기가 듣고서, "강물처럼 넓구나"라고 하였다. 백아가 생각한 것을 종자기가 반드시 알아맞혔다. 종자기가 죽자, 백아가 "지음(知音)이 없다"면서 거문고 줄을 끊어버렸다. -『열자』「탕문편(湯問篇)」
종자기가 백아의 마음을 잘 알아주어 지음(知音)이라는 표현이 생겼다.

오대사의 중에게 지어 주다

산 아래 외로운 마을 풀 덮인 문에
날 어두워질[1] 무렵 중이 찾아왔네.
시름겨운 마음 다 이야기하고 잠 못 이루는데
달빛은 앞 시내에 가득하고 밤이 이슥해지네.

贈五臺僧

山下孤村草掩門. 上人來訪日初昏.
愁懷說罷仍無寐, 月滿前溪夜欲分.

■
1. 혼(昏)자가 어떤 데에는 훈(膶)자로 되어 있다. (원주)
훈(膶)자는 양고깃국이라는 뜻인데, 훈(曛)자라야 맞다. 석양, 황혼 무렵이라는 뜻이다.

배나무를 읊다

지질한 배나무가 문 앞에 섰는데
열매가 시큼해 이가 들어가지 않네.
너도 주인처럼 버려진 물건이지만
오히려 쓸모없기에 타고난 수명을 보존했구나.[1]

詠梨

支離梨樹立門前. 子實辛酸齒未穿.
渠與主人同棄物, 猶將樗櫟保天年.

---

1. 장자가 산속을 가다가 가지와 잎이 무성한 큰 나무를 보았다. 나무꾼이 그 옆에 있으면서도 나무를 베지 않는 것을 보고 그 까닭을 묻자, "쓸모가 없기 때문이다"라고 하였다. - 『장자』 「산목(山木)」

문견사의 소나무 정자에 쓰다

1.
짐이라곤 소매 속의 책 한 권
푸른 신에 대지팡이로 절간 서쪽에 오르네.
나그네는 이름 없는 한을 풀지 못하는데
산새는 하루 종일 맘껏 우는구나.

題聞見寺松亭

袖裏行裝書一卷, 靑鞋竹杖上方西.
遊人未釋無名恨, 盡日山禽盡意啼.

2.
구름 소매에 노을 갓을 쓴 두 늙은이
긴 해가 서산에 몇 발 남았는지 늘 바라보네.
돌제단 바람 이슬에 티끌세상 일이 적어
소나무 늙은 바위 가에는 새도 울지 않네.

又

雲袖霞冠尊兩老, 常瞻長日數竿西.
石壇風露少塵事, 松老巖邊鳥不啼.

배생의 죽음을 슬퍼하다
- 이름은 충효(忠孝), 본관은 김해이다.

남해 노인성[1]이 밤만 길게 만들어
집에 어린 용 있어도 달리는 것 보지 못했네.
잔나비 숲에 잔나비 다시 모이지 않고
거문고 타듯 굶주린 부엉이가 지는 해에 울부짖네.

輓裵生

老星南海夜偏長. 家有龍媒未見驤.
無復猩林猩首會, 彈絃餓鴞叫斜陽.

---

1. 남극노인성인데, 장수를 상징하므로 수성(壽星)이라고도 한다.

태온¹과 건숙에게 아울러 지어 주다

삼산에² 놀기로 세 친구와 약속했지만
식언을 많이 해 내가 살찌겠네.
다시 늙은 아내더러 봄옷을 짓게 했지만
그대들이 각호에서 돌아갔을까 그게 두렵구나.

兼贈太溫健叔

三要三山曾有約, 食言多矣我能肥.
更敎老婦裁春服, 只恐君從角虎歸.

■
1. 태온은 전경(全絅, 1527~?)의 자로, 1570년 진사시에 합격하였다.
2. 삼산은 충청북도 보은군의 옛이름이다. 삼국시대에 삼년산성을 쌓았으므로, 신라 지증왕 3년(502)에 삼년산군이라 이름을 고쳤다. 건숙은 성운(成運, 1497~1579)의 자인데, 1531년 진사시에 합격했지만 1545년에 그의 형이 을사사화로 해를 입자 보은 속리산에 들어가 은거하였다.

야옹정[1]
 - 단성(丹城)에 있다.

뇌룡계 아래 야옹담이 있어
봄 산 아지랑이 좋지 않은 곳이 없네.
다만 주인이 현판 남긴 뜻을 저버렸으니
노인성은 본디 하늘 남쪽에 있기 때문일세.

野翁亭

雷龍溪下野翁潭. 無處春山不好嵐.
只負主人留扁意, 老星元是在天南.

■
1. 경술본에는 김응벽(金應璧)의 정자라고 되어 있다.

대를 그리다

산 향기를 죽은 향기로 보지 말라.
삶과 죽음의 길은 알기 어렵다네.
옛 현인들 죽었지만 모양은 남아 있으니
모름지기 모양 속을 깊이 살펴볼진저.

畵竹

生香莫作死香看. 生死路頭知者難.
先哲雖亡模樣在, 要須模樣裏深看.

두류산에서 짓다

높은 마음을 천 자에도 걸기 어려우니
방장산 높은 봉우리에나 걸어 볼거나.
옥국관(玉局觀)¹에 삼생의 문적 있다니
언젠가 내 이름자를 직접 볼 수 있겠지.

頭流作

高懷千尺掛之難. 方丈于頭上上竿.
玉局三生須有籍, 他年名字也身看.

---

1. 사천성 성도시(成都市) 북쪽에 있는 도교(道敎) 사원인데, 이노군(李老君)이 이곳에서 굽은 다리가 있는 옥상(玉床)에 앉아 강경(講經)한 데서 옥국(玉局)이라는 이름이 생겼다. 한나라 장도릉(張道陵)이 이곳에서 도를 얻었다.

하군려¹에게 부치다

자굴산² 정기를 넉넉히 얻어
그윽한 곳에서 물살 돌아가는 것을 보네.
그대 명아주 지팡이 짚고 찾아온 것 위로하려고
신선이 다니는 길을³ 그대 위해 열겠네.

寄河君礪

剩得闍山骨子來. 却於冥處看潮廻.
勞君蹔許靑藜問, 鰲上河關爲子開.

■
1. 군려는 남명의 조카사위인 하종악(河宗岳)의 자이다.
2. 경상남도 칠곡면 내조리에 있는 산 이름인데, 의령의 진산이다.
3. 원문의 하관(河關)은 강물과 관문(關門)으로 그리운 사람이 만나기 힘들게 가로막힌 장벽이다. 견우와 직녀를 갈라놓은 은하수를 가리키기도 하는데, 이 시에서는 조카사위의 성이 하씨이므로 하관이라는 표현을 썼다.

제목 없이

세상에 나가거나 숨어 살거나 자신이 결정하건만
십 년 묵은 쑥만 약으로 찾는 격일세.[1]
구름 속의 산을 따라 늙으려 해도
세상 일이 언제나 마(魔)가 된다네.

無題

強半行藏辦自家. 也徒醫濟十年艾.
雲山只欲從渠老, 世事其如每作魔.

■
1. 지금의 왕도정치를 하려는 사람은 칠 년 동안 병을 앓으면서 삼 년 말린 쑥을 구하는 것과 같다. -『맹자』「이루(離婁)상」
늦게라도 시작하면 될 일을 미루기만 하다가 끝내 이루지 못하는 것을 비유한 말이다.

산해정에서 「대학 팔조[1]가」 뒤에 쓰다[2]

한평생 근심과 즐거움이 다 귀찮은데
선현들 계신 덕분에 깃발을 세워 두었네.
책을 쓰고자 해도 학술 없는 게 부끄러워
억지로 회포를 긴 말에 부치네.

■
1. 대학의 도는 밝은 덕을 밝히는 데 있고, 백성을 새롭게 하는 데 있으며, 지극한 선에 머물러 있는 데 있다. (줄임) 그러기에 사물의 이치를 구명한 뒤에야 지혜에 이르게 되고, 지혜에 이르게 된 뒤에야 마음이 바르게 된다. 마음이 바르게 된 뒤에야 몸이 닦여진다. 몸이 닦여진 뒤에야 집안이 가지런해진다. 집안이 가지런해진 뒤에야 나라가 다스려진다. 나라가 다스려진 뒤에야 천하가 화평해진다. -『대학』
위의 경문(經文)에서 격물(格物), 치지(致知), 성의(誠意), 정심(正心), 수신(修身), 제가(齊家), 치국(治國), 평천하(平天下)의 여덟 단계를 8조목이라 하는데, 수기(修己 도덕)과 치인(治人 정치)의 구체적인 방법이다.
2. 기유본에는 제목 뒤에 "병인년(1566) 가을에 선생께서 산해정에 계셨는데, 인홍이 따라 모시면서 반 달 동안 머물렀다. 인홍이 북쪽으로 돌아갈 때에 선생께서 「격치성정가(格致誠正歌)」를 손수 써주시고, 또 이 절구 한 수를 그 뒤에 써주셨다"라는 원주가 붙어 있다.

在山海亭書大學八條歌後

　丙寅秋　先生在山海亭　仁弘住侍　留半箇月　仁弘北還
先生手書　格致誠正歌　又書此一絶於其後以與之

一生憂樂兩煩寃. 賴有前賢爲竪幡.
憨却著書無學術, 強將襟抱寓長言.

죽연정에서 진사 윤규[1]의 시에 차운하다
− 고령(高靈) 박윤(朴潤)의 강가 정자이다.

1.
창강 흐르는 한이 깊고 깊은데
회포를 거문고에 올린 적이 있었던가.
해오라기는 서리 맞으며 자겠지만
들판 안개 속에 그 마음을 알 수가 없네.

竹淵亭次尹進士奎韻

滄江流恨政沈沈. 襟抱何曾上得琴.
沙鷗定應霜下宿, 野烟無以認渠心.

■
1. 윤규(1500~?)의 자는 문로(文老), 호는 월오(月塢)인데 고령에서 살았다. 1531년 진사시에 합격하였다.

3.
왕사(王謝)¹의 풍류로 영남에서 손꼽혔는데
그대의 여러 아들들은 그대보다 낫다지.
그윽한 대를 사랑하여 정자 이름으로 삼았으니
그 덕은 원해 변함이 없다오.

王謝風流數嶺南, 多君諸子出於藍.
獨憐幽竹亭爲號, 其德元來不二三.

■
1. 진(晉)나라 때에 왕씨와 사씨가 이름난 귀족이었으며, 이들 가운데 풍류로 이름난 인물이 많았다. 사령운(謝靈運)과 왕희지(王羲之)가 대표적인 풍류 문인이다.

진사 강서[1]의 죽음을 슬퍼하다
 - 자는 숙규(叔圭)이다.

한밤에 울부짖는 서절효[2]
귀신도 그 소리 듣고 슬퍼하리라.
쌀을 지고 천리 먼 길을 오려다[3]
새벽바람에 높은 가지가 꺾이었구나.

挽姜進士瑞

中夜叫呼徐節孝. 鬼神聞此亦應悲.
欲負米來千里遠, 曉風高樹已摧枝.

■
1. 강서(1510~?)의 호는 매곡(梅谷)인데, 남명의 제자로 효행이 지극하였다.
2. 송나라의 이름난 효자 서적(徐積)의 시호가 절효이다.
3. 자로가 집이 가난하여 백 리나 되는 곳에서 쌀을 구하여 지고 와서 어버이를 봉양하였다. -『공자가어(孔子家語)』「치사(致思)」

복괘(復卦)¹를 읊다

역상(易象)이 분명해 땅 밑 우레를 보는데
사람의 마음은 어찌 선(善)의 단서 열리는 것을 모르나.
다만 싹 트는 게 우산의 나무 같으니
소나 양이 날마다 오지 못하게 하라.²

■
1. 땅을 나타내는 곤괘(坤卦)와 우레를 나타내는 진괘(震卦)가 합쳐진 것이 복괘이다. 동지가 되면 음기(陰氣)가 극도에 이르지만 그날 밤 양기(陽氣)가 땅속에서 처음 생겨나는데, 복괘는 이를 형상화한 것이다.
2. 우산의 수풀은 원래 아름다웠다. 그런데 제나라의 커다란 도읍의 교외에 있었기 때문에, 사람들이 도끼로 찍어댔다. 그러니 어찌 아름다움을 그대로 지닐 수 있었겠느냐? 밤낮으로 자라나고 비와 이슬이 적셔주어서, 새싹이 돋아나지 않았던 것은 아니다. 그러나 이번에는 소와 양들이 뒤따라와서 먹어댔다. 그러므로 저처럼 빤빤한 민둥산이 되었다. 사람들은 지금의 빤빤해진 산 모습을 보고, 이 산에는 원래부터 나무가 없었을 것이라고 생각한다. 그러나 그처럼 헐벗은 모습이 어찌 그 산의 본성이겠느냐?
사람이 지니고 있는 본성엔들 어찌 인의의 마음이 없었겠느냐마는, 자기의 양심을 내버리는 것이 마치 나무를 도끼로 찍어대는 것과 같다. 날마다 찍어버리니, 아름다울 수가 있겠느냐? - 『맹자』「고자(告子)」상.
우산은 산동성 임치현(臨淄縣)에 있는데, 옛날 제나라 땅이다. 사람의 착한 본성도 욕망에 시달리면 잘못된다는 뜻으로 썼다.

地雷吟

易象分明見地雷. 人心何昧善端開.
祗應萌蘖如山木, 莫遣牛羊日日來.

이원길[1]이 책력을 보낸 것에 감사하다

동계 쪽으로 새 책력을 부치지 말게나.[2]
오행 돌아가는 것을 산골 사람은 기억 못한다네.
오직 창 너머에 매화가 있어
눈 헤치고 해마다 이른 봄을 알려준다네.

謝李原吉送曆

莫向東溪寄曆新, 山人不記五行辰.
隔窓唯有梅花在, 擺雪年年報早春.

---

1. 원길은 영의정을 지낸 이준경(李浚慶, 1499~1572)의 자인데, 어린 시절에 남명과 같이 공부한 친구이다.
2. 고관들이 임금에게 하사받은 책력을 친지들에게 나눠 주기도 했으며, 종이를 관상감에 가지고 가서 직접 책력을 찍어 나눠 주기도 했다.

제목 없이

『대학』 첫머리 열여섯 자의 말은[1]
반평생 공부해도 근원을 만나지 못했네.
여러 학생들은 총명을 넉넉히 타고났으니
시서(詩書)를 열심히 읽어 잘 응용하시게.

無題

大學篇頭十六言. 工夫半世未逢源.
諸生剩得聰明在, 經記詩書好吐呑.

---

1. 대학의 도는 밝은 덕을 밝히는 데 있고, 백성을 새롭게 하는 데 있으며, 지극한 선에 머물러 있는 데 있다.[大學之道, 在明明德, 在新民, 在止於至善.] - 『대학』 경문(經文)의 첫 줄이다.

칠언사운

하희서의 죽음을 슬퍼하다

시서(詩書)가 가업인 성균관 학생이
광주리에 뽕만 따 담고 붉은 비단은 짜지 못했네.
흰 머리에 황관[1]으로 윗자리에 추대되니
붉은 꽃 푸른 나무는 덧없는 것으로 여겼네.
탄식하는 노인들은 세 번 고복[2]에 놀라고
울부짖는 자식들은 두 기둥 사이에 앉은 꿈을 꾸었네.[3]
무덤 구덩이 깊은 곳에 한 줌 흙으로 남았기에
옹문의 사람같이 날 밝을 때까지 눈물 뿌리네.[4]

挽河希瑞

詩書家業上庠生. 筐篚朱陽織不成.
皓首黃冠推長座, 紫花蒼樹認高荊.
嗟嗟大耋驚三復, 叫叫孤兒夢兩楹.
馬鬣封深抔土在, 雍門淚洒到天明.

■
1. 풀로 만든 관인데, 주로 농부들이 썼다.
2. 상례(喪禮)에서 죽음을 확인하는 절차인데, 사람이 숨을 거둔 직후 지붕에 올라가 죽은 사람이 입던 옷을 흔들면서 죽은 사람의 이름을 세 번 불러 그 사람의 혼을 불렀다.

3. 공자가 자공(子貢)에게 이르기를, "내가 지난밤에 두 기둥 사이에서 상전(上奠) 받는 꿈을 꾸었다"고 했다. 『예기』「단궁(檀弓)」에 나오는 이야기인데, 얼마 뒤에 공자가 죽었다고 한다.
4. (노래 잘하는) 진청(秦靑)이 어느날 친구들을 돌아보며 말했다.
"옛날 한아(韓娥)가 동쪽으로 제나라에 갔다가 식량이 떨어진 적이 있었지. 옹문(雍門)을 지날 때 노래를 팔아 밥을 빌어 먹는데, 그가 떠난 뒤에도 소리가 남아 기둥과 들보에 맴돌며 사흘이나 사라지지 않았다더군. 그래서 좌우에 있던 사람들은 그가 떠난 사실을 모르고 있었다네.
한번은 여관에 들렀는데, 여관에 있던 사람들이 그를 욕보인 일이 있었지. 그러자 한아가 소리를 길게 뽑으며 슬피 울었는데, 십 리 안에 있던 늙은이로부터 어린애에 이르기까지 모든 사람들이 수심에 잠겨 서로 마주 대하고 눈물을 흘리며 사흘 동안이나 음식을 먹지 못했다네. 여관 주인이 급히 그를 뒤쫓아 가서 되돌아오게 하자 한아가 길게 소리를 뽑으며 노래를 불렀는데, 이번에는 십 리 안에 있던 늙은이로부터 어린애에 이르기까지 모든 사람들이 기뻐 날뛰며 손뼉치고 춤추기를 스스로 억제하지 못했으니, 조금 전의 슬픔은 다 잊었던 것이지. 그래서 많은 예물을 주어 그를 떠나보냈다더군, 그 때문에 옹문 사람들은 지금도 노래를 잘하는데, 한아가 남긴 소리를 흉내냈기 때문이라네." - 『열자』「탕문(湯問)」

함허정
- 김해에 있다.

신기루같이 솟은 교룡(蛟龍)의 집 들보에 제비가 없어
허공을 머금고서1 곧고 바름을 보네.
크고 좋은 집이라고 남쪽에 이름났으니
늙은 용이 북쪽을 맡아 바람과 서리 많구나.
우애 좋던2 집 안에 풍악 소리 들끓더니
서왕모의 못가에 은하수 서늘하구나.
시든 생애가 차갑게 줄어든 물 같아
한을 묻어 버리자고 잔 길게 끌어당기네.

■
1. 함허(涵虛)는 물에 비친 하늘을 가리키기도 한다.
2. 산앵두꽃이 활짝
 환하게 피었네.
 세상 사람 가운데
 형제보다 좋은 이 없어라.
 常棣之華, 鄂不韡韡.
 凡今之人, 莫如兄弟. -『시경』「상체(常棣)」
원문의 당화관은 시경의 '상체지화(常棣之華)'에서 나온 집 이름인데, 형제 사이의 우애가 좋음을 뜻한다.

涵虛亭

蠶騰蛟屋燕無樑. 虛箇涵來見直方.
傑閣專南謾好大, 老虬分北剩風霜.
棠華館裏笙歌咽, 王母池邊河漢凉.
殘落生涯寒落水, 欲將埋恨引杯長.

죽연정에서 진사 윤규에게 지어 주다
- 자는 문로(文老)이다.

문로의 재주와 명망이 제일류인데
예전에 터 잡아 지은 집이 깊고도 그윽하네.
천성이 자연을 즐겨 깃들어 숨을 만하고
몸은 관복을 싫어해 벼슬살이 하지를 않네.
꿈속에서 찾아가려 해도 중간 길 잊은 데다
편지 전하기 어려워 삼 년이나 소식 몰랐네.
명리의 마당에서 묵은 빚 이제 다 던져 버렸지만
늘그막의 세월이 멈추지를 않네.

竹淵亭贈尹進士奎

文老才名第一流, 從前卜築更深幽.
性耽泉石堪棲隱, 身厭簪紳不宦遊.
魂夢欲尋迷半路, 書筒難適隔三秋.
名場宿債今抛盡, 老境光陰亦不留.

송씨의 숲속 정자에 쓰다

초당 앞에서 마장산[1]이 갈라지고
높은 가시나무꽃은[2] 다섯 줄기가 이어졌네.
감악산[3] 동쪽 푸르러 북쪽을 보면 아득하고
황매산[4] 서쪽이 검어 남쪽 하늘을 숨겼구나.
시내에 개 짖는 소리 들리니 시내 따라 집을 지었고
산에 고기비늘 둘렸으니 물 대어 논을 만들었구나.
손님과 주인이 혼인해 젊고 나이 들었으니
바깥 사람들이 때때로 무릉천이라 부르네.[5]
  -'마장'은 산 이름이다. '빈주(賓主)'가 '붕주(朋酒)'로 된 데도 있다.

題宋氏林亭

草堂前面分麻杖, 高樹荊花幹五連.
紺岳東蒼迷北望, 黃梅西黑隱南天.
溪聞犬吠沿開戶, 山帶魚鱗灌作田.
賓主婚姻兼少長, 外人時道武陵川.

1. 합천군 삼가면에 있는 산 이름이다. 1907년에 간행된 『삼가군지』에 주산을 마장산이라 하였다.
2. 한나라 때에 전진(田眞)의 3형제가 분가하면서 뜰 앞에 자형화(紫荊花)를 나누어 심기로 하였다. 그러나 그 이튿날 그 나무가 갑자기 시들자 느낀 바 있어 다시 살림을 합쳤다고 한다. 이 시에서는 5형제를 가리킨다.
3. 경상남도 거창군 남상면과 신원면에 있는 산 이름이다.
4. 경상남도 합천군 가회면에 있는 산 이름이다.
5. 진(晉)나라 때에 무릉에 사는 한 어부가 시냇물에 복사꽃이 흘러오는 것을 보고 상류로 거슬러 올라가다가 바깥 세계와 떨어져 사는 마을을 발견하였다. 복사꽃이 만발한 이 마을 사람들은 진시황의 폭정을 피해서 숨어 들어왔다는데, 그 뒤로 세월이 얼마나 흐르고 왕조가 어떻게 바뀌었는지 아무도 몰랐다. 평화로운 마을에서 대접을 받고 돌아온 어부가 군수에게 보고한 뒤에 다시 그 마을을 찾아가려 했지만 길을 알 수가 없었다고 한다. 이 이야기를 도연명이 듣고 「도화원기(桃花源記)」를 지은 이래로 많은 문인들의 작품 소재가 되었다. 복사꽃이 흘러오던 시내가 바로 무릉천이다.

방응현[1]의 초가 정자에 쓰다

방노인 집안의 명성이 해동에 날렸으니
내손(來孫)[2]이 원래 당나라에서 오셨지.[3]
어린 나이의 아름다운 자식은 둘도 없는 옥이요
번성한 집안은 십 리에 뻗은 소나무일세.
구름 걷힌 하늘에 푸른빛 아스라하고
바람에 흔들리는 천 그루 나무도 푸른빛 성성하니,
흰 옷 입고 나물 먹는다고 싫어하지 마시게
소반에 비친 두류산은 먹어도 끝이 없다네.

■
1. 방응현(1524~1589)의 자는 준부(俊夫), 호는 사계(沙溪)인데, 남원에 살았다. 남명의 문인으로, 『사계실기(沙溪實記)』가 전한다.
2. 시조로부터 5대손을 뜻한다.
3. 중국 요(堯)임금의 아들 단주(丹朱)가 방읍(房邑)의 후(侯)로 봉해지자 지명인 방을 성으로 삼았는데, 당나라 재상 방현령(房玄齡)의 둘째 아들 방준(房俊)이 8학사의 하나로 고구려에 파견되었다가 남양에 정착하여 살며 남양을 본관으로 하였다.

題房應賢茅亭

房老家聲擅海東. 來孫元自大唐中.
弱齡佳子雙無玉, 多黨強宗十里松.
雲掃一天靑靄靄, 風搖千樹碧瓏瓏.
莫嫌衣白長咬菜, 盤面頭流食不窮.

대곡과 헤어지며 지어 주다
- 병인년(1566)에 함께 소명(召命)을 받았을 때에 지었다.

북문으로 나와 함께 한강을 건너니
세 가지는 같은데 성이 같지를 않네.
구불구불한 늪에서 학이 화답하는 것[1] 일찍이 바랐지만
다른 별자리 아래 천 리나 떨어져 길이 막혔구나.
들판 물은 동쪽으로 흘러 돌아오지 않고
변방 구름은 남쪽으로 내려가 따라갈 수 없으니,
대낮에 정녕 서로 생각하는 뜻이
언젠가 꿈속에서라도 은근히 통하리라.

■
1. 구불구불한 늪에서 학이 우니
   그 소리가 하늘에 들리네.
   물고기가 물가에 있다가
   이따금 깊은 연못에 잠기기도 하네.
   鶴鳴于九皐, 聲聞于天.
   魚在于渚, 或潛在淵 -『詩經』「鶴鳴」

「학명(鶴鳴)」은 은자를 찾는 뜻의 시이다. 멀리 하늘까지 들리는 학의 울음소리는 은자가 숨어 살더라도 그의 덕과 이름이 널리 퍼져 임금도 알게 된다는 뜻이다. 물고기가 연못 속에 잠겼다가 밖으로 나타나는 것은 군자가 뜻을 얻어 세상에 나가 활동하다가 시세가 허락하지 않으면 물러나 자기 한 몸을 닦는 태도에 비유한 것이다.

贈別大谷

出自北門同渡漢, 三同猶有姓非同.
九皐鶴和曾心願, 千里星分已道窮.
野水東流歸不返, 塞雲南下去無從.
丁寧白日相思意, 魂夢慇懃他夜通.

대곡에게 부치다

만첩 깊은 산속에 풀이 문을 덮었고
땅벌이 길에다 새끼를 쳤지.
갑자기 어험 소리 듣고 놀랐으니 어찌 진정하랴
늙은이 눈물 흘리며 마주보다가 한참 뒤에야 말했지.
형제도 버리고 떠났으니 갈 곳이 없는데다
벗들도 쇠잔했으니 누가 살아남았나.
겨울 석 달 동안 붙어서 먹고 지내던 일
그때엔 다 잊어버리고 말하지 않았었지.

寄大谷

萬疊窮山草合門, 地蜂當道遍生孫.
我誠忽急驚何定, 老淚相看久始言.
兄弟棄捐無處去, 友朋零落有誰存.
獨孤寄食三冬事, 當日都忘未與論.

호음이 사미정[1]에 쓴 시에 차운하다

늙어가면서 매운 맛 짠 맛이 입에 맞지 않아
세상은 잊었지만 기심(機心)은 잊지 못했네.
깊은 골짜기 백 번 찾아와도 몸은 여전히 나그네이니
높은 집에서 반쯤 잠들어 꿈이 이미 기이하구나.
병목[2] 땅 저문 봄에 사람은 쇠해졌건만
사천[3] 가랑비에 냇물은 새로 불었네.
유후에 봉하는 계책을 장량이 하찮게 여겼으랴
일개 서생의 뜻도 여기에 있구나.

次湖陰題四美亭韻

垂老辛鹹口失宜. 縱然忘世未忘機.
百穿深壑身猶客, 半睡高堂夢已奇.
竝木殘春人舊謝, 舍川微雨水新肥.
將軍肯小封留計, 一介書生亦在斯.

■
1. 문경충(文敬忠)이 지은 정자인데, 경상남도 합천군 대병면 병목에 있다.
2. 병목과 사천은 모두 땅 이름이다. (원주)
3. 사미정 옆을 흐르는 시내인데, 황강에 합류한다.

휴수가 읊은 시에 차운하다
  - 이문건(李文健)[1]의 자이다.

그대 자신의 일 도모하기에 서툰 줄 아니
그게 바로 우리 유가의 좋은 경지일세.
그날 임금님의 명령이 대궐에서 내리더니
지금은 초야에서 땔나무와 양식 구하네.
교유하던 사람들은 신임 받는 신하 되었는데,
과부는 오히려 칠실의 걱정이 많구나.[2]
배 대는 곳에는 십 년 된 무덤 아득한데
풍상 겪을 것 걱정하여 마지않는구나.

---

1. 이문건(1494~1567)의 자는 자발(子發), 호는 묵재(默齋), 또는 휴수인데, 조광조의 문인으로 벼슬은 승지에 올랐다. 1545년 을사사화에 연루되어 성주에 23년 동안 유배되었다가 그곳에서 죽었다.
2. 노나라 칠실에 사는 아낙네가 기둥에 기대어 서서 한숨을 쉬었다. 누가 "시집 못 가서 슬퍼 그러느냐?" 하고 묻자, "노나라 임금이 늙었는데, 태자가 어려서 걱정되어 그렇다"고 대답하였다. 『후한서』나 『열녀전』에 나오는 이야기인데, 초야에 묻힌 사람이 나라일을 걱정하는 것을 겸손하게 표현한 말이기도 하지만, 주제넘은 걱정이라는 뜻으로도 쓰인다.

次休叟吟

認君身事拙於謀. 自是吾家好地頭.
當日絲綸天上降, 如今桂玉草中求.
交遊遍作宜王屬, 嫠婦猶多漆室憂.
十載邘枏丘墓遠, 思經霜露不能休.

고풍(古風)

호접루
 - 단성의 강가에 있는 누각이다.

길 가던 몇몇 사람들이
즐겁게 훨훨[1] 날더니,
별안간 모두 나비가 아니네.[2]
오직 먼 길만 있기에
물가에 이르러 돌아가는 사람 보내네.

蝴蝶樓

多少行人, 栩栩飛飛.
瞥眼皆非.
唯有長程, 臨水送將歸.

■
1. 예전에 장주가 꿈속에서 나비가 되었다. 훨훨 날아다니는 나비가 되어, 내가 나비라는 것도 깨닫지 못했다[昔者莊周夢爲胡蝶, 栩栩然胡蝶也. 自喩適志與, 不知周也.] - 『장자』「제물론(齊物論)」
원문의 허허(栩栩)는 기쁨이 넘치거나 생동감 있는 모양의 의태어이다.
2. 비(飛), 비(非), 귀(歸)자가 운자이니, 이 구 앞에 한 구가 빠진 듯하다.

성중려[1]에게 지어 주다

시골 꽃이 절로 피었다 지고
들 처녀들이 나물 캐며 노래하네.
밤새도록 앉았다 일어나도
이 뜻을 봄은 알지 못하네.
오늘 아침에 제비 돌아왔지만
친구는 금릉 땅에 있네.

贈成中慮

村花自開落, 郊女謠青菜.
竟夕坐且起, 此意春不解.
今朝燕子來, 故人金陵在.

■
1. 중려는 성우(成遇, 1495~1546)의 자이다. 대곡(大谷) 성운(成運)의 중형으로, 남명의 친구이다.

중옥 어른께 지어 올리다
   - 성청송(成聽松)¹의 자이다.

대마도 바다는
노인성이 뜨는 끝이고,
파주 강물은
직녀가 빨래하는 곳일세.
그대 멀리 있어도
그 도를 걱정하니,
언제나 만나 보려나
꿈에서라도 만나 놀고 싶구려.

　-청송이 지은 원운(原韻)에 "파산의 아래에서 쉬며 목욕할 수 있네. 옛 시내 맑고도 차가워, 내 갓끈을 씻을 수 있네. 이 물을 마시고 먹으니, 기쁨도 시름도 없네. 깊숙한 이 산속에 누가 나를 따라 놀려나[坡山之下, 可以休沐. 古澗淸冷, 我纓斯濯. 飮之食之, 無喜無憂. 奧乎玆山, 孰從我遊.]"라고 하였다. 선생이 스스로 주를 달기를, "입성(入聲)으로 되는 대로 운을 다는 것은 옛 법식이 아니기에, 외람되이 조심스럽게 고쳤다. 내가 사는 곳이 대마도와 가깝기 때문에 남극(南極)이라고 한 것이다"라고 했다.

■
1. 중옥은 성수침(成守琛, 1493~1564)의 자인데, 청송은 그의 호이다. 조광조의 문인으로, 기묘사화를 보고 평생 은거하면서 학문에 종사하였다. 우계 성혼이 그의 아들이다.

奉上仲玉丈

馬之島海, 老人之角.
坡之江水, 織兒之濯.
之子之遠, 而道之憂.
曷之覯乎, 要之夢遊.

석천자에게 지어 주다
　- 임억령(林億齡)[1]의 호이다.

지금 세상에 석천자 있으니
그 사람됨이 옛날의 남은 절조일세.
연꽃이 솟아올라 얽매이지 않았으니
어찌 크고 작은 걸 차별하여 말하랴.
예전에 나를 찾아 왔었지
산해정 오두막집으로.
콩이 익을 무렵에
덕망 있는 군자들이 동서로 벌려 앉았지.
석천의 천 알의 귤[2]
단 열매 깨무니 향기가 혀에 가득하구나.
돌아와 꽃 키우기를 일삼으며
그 행실이 변치 않으니,
아무리 굶주려도 말을 삼키지 않아
사람들 사이에 말썽이 없네.[3]
그대의 현명한 훈계를 높이 받들건만
사무치는 그리움을 풀 길 없구려.

■
1. 임억령(1496~1568)의 자는 대수(大樹)인데, 동생 백령(百齡)이 윤원형과 결탁해 많은 선비들을 해치며 을사사화를 일으키자, 자신에게 내려진 원종공신의 녹권을 불사르고 숨어 지냈다. 나중에 벼슬이 강원도관찰사에 이르렀다.

贈石川子

今有石川子, 其人古遺節.
芙蓉儘聳豪, 何言大小別.
昔年要我乎, 山海之蝸穴.
看來豆子熟, 琬琰東西列.
石川千木奴, 破甘香滿舌.
歸來花判事, 其行不改轍.
雖飢不食言, 人益紅爐雪.
尙君明逸戒, 有懸非解紲.

2. 원문의 목노(木奴)는 과일나무나 경제적인 가치가 있는 나무같이 주인에게 돈을 벌어주는 나무를 가리키는데, 흔히 귤나무, 또는 감귤을 가리킨다.
3. 안자(顔子)가 자신을 극복했다는 사실은 활활 타오르는 화로 위의 한 송이 눈같아, 말할 필요가 없다[顔子克己, 若紅爐點雪, 不必言難.] - 『고자유서(高子遺書)』
원문의 '홍로설(紅爐雪)'은 활활 타오르는 화로 위의 한 송이 눈같이, 의혹이나 사욕이 일순간에 없어짐을 비유한 표현이다.

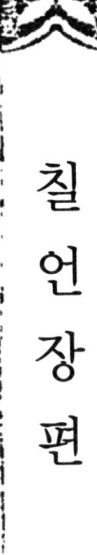

칠언장편

소자경[1] 시

오랑캐 땅 까마귀 희어지지 않고 숫양 젖 나지 않으니[2]
한나라 사신은 돌아올 기약이 없네.
까마귀 머리는 희어지지 않는데 사신 머리는 희어졌으니
누가 흰 머리를 까마귀 머리처럼 검게 바꿔 주랴.
사월 차가운 모래에 눈이 한 자나 쌓였는데,
눈이 있어 먹을 수 있지만 몸에 입을 게 없네.[3]
날 저물자 누런 구름에 까마귀 밤에 우니
오랑캐들 자작나무 껍질로 만든 피리 부는구나.
외로운 신하 죽지 않고 부절이 손에 있으니[4]
인(仁)을 구해 인을 얻었음을[5] 천지가 아네.
백등[6]이 눈에 보여 황제 생각나니
하찮은 사신이야 없어져도 대수롭잖아,
내정 닦고 외적 물리치는 주나라 도가 있으니
산에는 사다리, 바다에는 배가 있어야 하네.[7]
기러기발에 편지 없고[8] 상혜[9]도 없기에
자경의 몸은 오랑캐 땅의 풀처럼 시드는구나.
무릉[10]은 죽은 줄 알고, 살아 있는 건 몰랐으니
능을 향해 한 번 절한들 무슨 말을 알랴.

蘇子卿詩

胡烏未白羝不乳, 漢庭行人歸未期.
烏頭未白行人白, 誰令換白烏頭爲.
四月寒沙雪一尺, 有雪可囓身無衣.
日暮黃雲烏夜啼, 胡人解吹文樺皮.
孤身未死節在手, 求仁得仁天地知.
白登在眼乃祖皇, 區區使臣無亦卑.
內修外攘周道在, 梯山航海則有之.
雁足無書常惠否, 子卿身上胡草腓.
茂陵知死不知生, 松楸一拜知何辭.

∎
1. 한나라 때 흉노에 사신으로 갔던 소무(蘇武)의 자가 자경이다. 무제(武帝) 때에 사신으로 갔다가 억류되있는데, 온갖 협박과 회유에도 지조를 지키며 굴복하지 않았다. 소제(昭帝) 때에야 화친이 이루어져 19년 만에 한나라로 돌아왔다.
2. 흉노는 소무를 북해(北海)의 사람이 살지 않는 땅으로 옮겨서 숫양을 기르게 하고는, 그 숫양이 젖이 나면 돌려보내 주겠다고 했다. -『한서』「소무열전」
3. (선우는) 소무를 큰 지하창고에 가두고 사람의 출입을 금하여, 먹을 것과 마실 것을 끊어버렸다. 마침 하늘에서 눈이 내리자 소무는 구덩이에 누워서 눈을 씹어, 입고 있던 가죽옷의 털과 함께 삼켰다. 여러 날이 되어도 소무가 죽지 않자, 흉노들은 그를 신이라고 여겼다. -『한서(漢書)』「소무열전」

4. 북해에 이른 소무는 음식이 오지 않아 땅을 파서 들쥐를 잡아 먹고, 풀의 열매를 캐서 먹었다. 한나라 (사신의) 부절(符節)을 지팡이 삼아 양을 쳤는데, 눕거나 걷거나 항상 붙잡고 있었기 때문에 부절의 털이 모두 떨어져나갔다. -『한서』「소무열전」
5. 인을 구하다가 인을 얻었으니 어찌 원망하겠는가? -『논어』「술이」 공자가 백이 숙제를 평한 말이다.
6. 산서성에 있는 지명인데, 한나라 고조(高祖)가 이곳에서 흉노에게 포위당한 적이 있었다.
7. 진나라 소왕(昭王)이 공인(工人)을 보내, 사닥다리로 화산에 오르게 했다. -『한비자』「외저설(外儲說)」
높은 산에 사다리를 타고 오르며, 먼 바다에 배를 타고 건너는 것은 멀고 험한 길을 간다는 뜻인데, 흔히 외국에 사신으로 다녀오는 것을 가리켰다.
8. 그는 사신더러 선우에게 다음과 같이 말하라고 방법을 일러주었다. "천자께서 상림원(上林苑)에서 활을 쏠 때에 기러기를 잡았더니 그 다리에 비단편지가 매어 있었는데, 거기에 '소무 등이 어떤 호숫가에 머문다'고 적혀 있었다"고 하라는 것이었다. 사신이 그 이야기를 듣고 대단히 기뻐하여, 상혜가 시킨 대로 말하며 선우를 다그쳤다. 그러자 선우가 좌우를 두리번거리며 놀라다가 한나라 사신에게 사죄하며, "소무 등이 실제로는 살아 있다"고 했다. -『한서』「소무열전」
9. 소제(昭帝)가 즉위한 지 여러 해가 지나서 흉노는 한나라와 화친을 맺게 되었다. 한나라에서 소무 등의 종적을 찾자, 흉노는 소무가 죽었다고 거짓말을 꾸며댔다. 그 뒤 한나라의 사신이 다시 흉노에 이르렀는데, (소무의 부하인) 상혜가 자기를 지키는 자에게 부탁하여 그와 함께 (사신에게) 가자고 하였다. 밤에 한나라 사신을 만날 수 있는 기회를 얻자, 스스로 그간의 사정을 진술했다. -『한서』「소무열전」
10. 소무를 사신으로 보냈던 무제의 능호(陵號)이다.

'여섯 나라 평정하고 오니 두 귀밑머리가 희어졌다'는 시

여섯 나라[1]를 평정하고 돌아오니 두 귀밑머리가 희어져
장군도 이 지경에 이르러선 응당 놀랐으리.
청동거울 대하니 다시는 옛사람 아니어서
한평생 구진성[2] 된 것을 후회하네.
수레와 말 달리며 순수[3]에서 늙어
해어진 갖옷으로 아직도 새벽길 가네.
만리 산조[4]에 가니 요동은 가을이 되고
역수[5]로 돌아오니 꾀꼬리가 우네.
아침에 한단[6]에 들렀다가 저녁에는 임치[7]에 닿아
상당[8]의 시름 찬 구름, 깃발이 바람에 펄럭이네.
효관[9]에 돌아오자 말도 지쳤으니
머리 위의 서리가 오늘 다시 생기겠지.
돼지가 물 건너고[10] 달이 필성에 걸려[11]
아침밥 먹을 틈도 없더니 이제야 평정되었네.
오랑캐 풍속 되자 주나라를 서쪽 사람들이 흠모했으니
아아! 장군이 너무 늦게 태어났구려.

六國平來兩鬢霜詩

六國平來兩鬢霜, 將軍到此魂應驚.
靑銅非復舊時人, 生平悔作勾陳星.
彭彭車馬老鶪首, 蒙戎繡裘猶晨征.
萬里酸棗遼欲秋, 易水歸來鶬鶊鳴.
朝入邯鄲暮臨淄, 上黨愁雲風飄旌.
崤關初返馬亦黃, 頭霜此日應更成.
豕涉波月𦋊畢,　不遑朝矣而今平.
匪風匪風周道西, 嗚呼將軍之晚生.

■
1. 전국시대 함곡관 동쪽에 있던 제(齊)·초(楚)·연(燕)·한(韓)·위(魏)·조(趙)의 여섯 나라이다. 소진(蘇秦)이 여섯 나라의 제후를 설득하여, 이들 여섯 나라가 연합하여 진나라에 대항하게 하였다
2. 무장(武將)의 운명을 주관한다는 별이다.
3. 진(秦)나라 지역을 관장한다는 별 이름이다.
4. 요동에 있는 지명이다.
5. 하북성에 있는 강 이름이다. 전국시대에 자객 형가(荊軻)가 진시황을 암살하려고 역수를 건넜다.
6. 전국시대 조나라 수도이다.
7. 전국시대 제나라 수도이다.
8. 전국시대 한나라 땅 이름이다.

9. 효산과 함곡관(函谷關)을 가리키는데, 하남성에 있는 험한 지역이다.
10. 흰 발굽 멧돼지가
　　물을 건넜고
　　달이 필성 만났으니
　　큰 비가 내리겠네.
　　동쪽으로 정벌나가는 무인은
　　다른 일 할 겨를도 없겠네.
　　有豕白蹢, 烝涉波矣.
　　月離于畢, 俾滂沱矣.
　　武人東征, 不皇他矣. -『시경』「점점지석(漸漸之石)」
11. 필성은 서쪽 하늘에 있는 별 이름인데, 『진서(晉書)』「천문지」에 달이 이 별에 걸리면 장마가 온다고 했다.

[부록]

남명(南冥)의 한시에 대하여

原詩題目 찾아보기

남명(南冥)의 한시에 대하여

1. 머리말

주지하는 바와 같이 남명 조식은 퇴계 이황과 더불어 16세기 영남의 강우, 강좌 두 지역을 각각 대표하는 학자였다. 퇴계가 성리학에 잠심하여 송대 이학을 한 단계 끌어올렸다면, 남명은 경의를 바탕으로 하는 실천궁행을 무엇보다 중시하였다. 이처럼 학문 성향이 크게 달랐던 두 사람은 경쟁상대로서의 서로에 대해 애증을 보였는데, 문학에 있어서도 두 사람의 생각과 경향은 크게 달랐다. 이에 대해 남명은 다음과 같이 말한 바 있다.

> 스스로 말하기를, "나는 고문을 배웠으나 성취하지 못했고, 퇴계의 글은 본시 금문이니, 비유하면 나는 비단을 짜다가 필을 이루지 못하여 세상에 쓰이기에 어렵고, 퇴계는 포목을 짜서 필이 되었으니 쓰일 수 있는 것이다" 하였다. - 권별(權鼈), 『해동잡록(海東雜錄)』 권3

고문과 금문의 차이는 경우에 따라 차이가 있지만, 여기에서는 고문은 당송고문가들의 문장과 같은 미문의식이 갖추어져 있는 문예문이라 할 수 있고, 금문은 시 속에서 통용이 되는 실생활 위주의 실용문이라 할 수 있다. 남명의 글은 여기에서 이야기한 것처럼 매우 완성도가 높다. 그 글의 결구와 수사는 물론이고, 그 글에 담겨 있는 정신도 매우 높은 지향성을 가지고 있다.

　남명의 시는 173제 200수[1]로 양적으로 많지는 않지만, 문장과 마찬가지로 그 수준이 매우 높은 편이다. 그는 "시를 읊조리는 일은 완물상지(玩物喪志)하기 쉬운 것"[2]이라 하며 시 짓는 일을 좋아하지 않았다고 하며, 또 "항상 시황계(詩荒戒)를 지니고 있으면서, 시인의 뜻은 허황되어서 공부하는 사람들에게 있어서는 큰 병폐가 된다고 생각하였기 때문에 술작(述作)을 좋아하지 않았다"[3]라고 하였다. 이것에서 알 수 있는 바와 같이 남명은 시 짓는 일을 그리 탐탁하게 생각하지는 않았지만, 시의 실용성을 인정하여 "칠언시・오언시가 만금의 가치가 있건만, 곁의 사람은 한편의 시로만 간주하는구나"[4]라고 긍정적인 생각을 보이기도 하였다.

　남명의 시에 대해서는 이미 수많은 연구가 있으며, 그의 시 정신과 시세계가 어느 정도는 밝혀졌다고 생각을 한다. 나는 남명의 시를 가끔 생각날 때마다 펼쳐보지만, 읽을 때마다 남명의 시가 만만하지 않다는 생각을 하였다. 그러면서 남명의 시에 대해서는 기존의 연구에서 언급하지 않은 몇 가지에 대해 뒤에 한 번 다루어 보리라 생각했다. 지금 말하는 내용은 다름 아니라 내가 평소에 가지고 있었던 남명의 시세계에 대한 우견을 몇 가지 나누어 간략히 생각해 보려는 것이다.

---

1) 李相弼, 『南冥集』解題 (南冥學關聯文集解題 1, 南冥學硏究所) 12쪽.
2) 曺植, 『南冥集』「答成聽松書」"玩物喪志之尤物"
3) 鄭仁弘, 『來庵集』「南冥集序」"常持詩荒戒　以爲詩人意致虛曠 大爲學者之病 故旣不喜述作"
4) 曺植, 『南冥集』「和淸香堂詩」"七字五言金直萬 傍人看作一篇詩"

2. 남명(南冥)의 시세계

2.1 무제시(無題詩)

남명의 시 가운데 가장 흥미를 끄는 것 가운데 하나는 바로 무제시 계열의 시들이다. 「무제(無題)」(11수) 혹은 「실제(失題)」(2수)라는 제목을 비롯하여 「우음(偶吟)」(7수) 혹은 「만성(謾成)」(5수)이라는 제목으로 되어 있는 시들인데, 남명의 문집 가운데에는 이러한 유의 시들이 전체적인 분량에 비해 10퍼센트 이상 되니 상당히 많이 있는 셈이고, 이들이 모두 그렇다고 하면 지나치겠지만 문제작인 경우가 많다.

첫 번째는 이들 시 가운데에는 남명이 제목 없이 명나라 때의 시인들의 시를 옮겨 적어 놓은 것들을 남명의 시로 편입한 경우이다. 다음 시는 『남명집』에 「무제」라는 제목으로 실려 있는데, 남명의 시가 아님이 오래 전에 밝혀졌다.

  약을 먹어 장수하려 함은,
  고죽군의 아들만 못하다네.
  한 번 서산의 고사리를 캐먹고는,
  만고의 세월 동안 죽지 않았네.

  服藥求長年, 不如孤竹子.
  一食西山薇, 萬古猶不死.

이에 대해 일찍이 안정복(安鼎福)은 "이것은 원(元)나라 사람 노처도(盧處道)의 「이제채미시(夷齊採薇詩)」로서 호응린(胡

應麟)이 지은 『시수(詩藪)』에 나오며, 위의 불(不)자가 숙(孰)으로 되어 있다"라고 한 바 있다. 실제 원나라 학자 노지(盧摯)의 시임을 확인할 수 있다. 이것 이외에도 이러한 유의 시들이 몇 수 있고, 아직 확인이 되지는 않고 있으나 이것과 같은 예가 아닌가 의심이 되는 몇 수가 있다.5)

　둘째는 남명의 시가 아니라고 지적을 해 놓았는데, 남명의 것이 아니라는 증거를 찾기 어려운 것이 있다. 『남명집』에 「우음」이라는 제목으로 실려 있는 다음의 시가 그러한 예이다.

　　　사람들이 바른 선비 사랑하는 건,
　　　호랑이 털가죽 좋아하는 것과 비슷해.
　　　살아 있을 때는 죽이려고 하다가,
　　　죽은 뒤에라야 막 칭찬한다네.

　　　人之愛正士, 好虎皮相似.
　　　生則欲殺之, 死後方稱美.

　위의 시는 남명의 대표작 가운데 하나로 일컬어지는 것인데, 이에 대해 남명의 시가 아니라 왕수인(王守仁)의 것이라는 설이 있으나, 왕수인 혹은 다른 사람의 저작임을 확인할 수 없다.

　셋째는 이러한 유의 시가 남명 이외의 다른 사람의 경우에도 간혹 그러한 예를 볼 수 있기도 하지만, 제목이 없다고 해서 혹은 우연히 지었다고 해서 시의 내용도 없는 것이 아니고, 다른 어떤 시보다도 심오한 뜻을 읊은 것이 많다는 것이다.

---

5) 이에 대해서는 권호종(權鎬鐘) 교수(「남명 조식 시의 은일심리 관규」, 『남명학연구논총』 6집, 남명학연구원)의 글이 있다.

'되는 대로 지음' 혹은 '부질없이 지음'이란 뜻의 「만성(漫成)」이란 제목의 시도 여럿 있는데, 그 가운데 하나를 보기로 한다.

> 하늘의 바람이 큰 사막에 진동하고,
> 치닫는 구름 어지러이 가렸다 흩어졌다 하네.
> 솔개가 날아오르는 건 본래 당연하다해도,
> 까마귀까지 치솟아 무얼 하려는 건지?

> 天風振大漠, 疾雲紛蔽虧.
> 鳶騰固其宜, 烏戾而何爲.

이 작품은 당시의 시대현실에 대한 남명의 비판의식을 잘 반영한 것으로 보인다. 숭어가 뛰니 망둥이도 뛴다는 생각을 달리 표현한 것이다. "노나라 들판에서 기린은 헛되이 늙어가고, 기산(岐山)엔 봉황새도 날아오지 않누나.[魯野麟空老, 岐山鳳不儀.]"라고 시작하는 「무제(無題)」 시에서는 유학의 쇠미함을 걱정했다.

이로 보면 남명의 무제시는 다른 어떤 시작들보다 중요한 시사점을 많이 가지고 있다. 남명의 작품인지 아닌지를 판별하는 일에서부터 그것에 담겨 있는 내용을 심도 있게 파헤치는 것은 남명을 이해하는 데 있어 중요하다.

2.2 증별시(贈別詩)

남명의 시를 유별로 분류해 볼 때 양적으로 가장 많은 것이 바로 증별시라 하겠다. 「書釰柄贈趙壯元瑗」에서부터 「贈吳學錄健上京」, 「贈別」, 「題古屛贈子修姪」, 「贈太容」, 「記夢贈河君」, 「贈行脚僧」, 「贈鄭判書惟吉」, 「贈崔明遠追送蛇山別」, 「贈山人惟政」, 「贈成東洲」, 「贈金烈」, 「贈吳學錄」, 「贈崔賢佐」, 「贈三足堂」, 「贈別姊兄寅叔」, 「贈君浩」, 「贈朴君思恭」, 「答贈都事張儀仲」, 「贈熙鑑師」, 「贈可遠」, 「贈成仲慮」, 「贈五臺僧」, 「兼贈太溫健叔」, 「贈尹大連」, 「贈宜寧倅」, 「遊黃溪贈金敬夫」, 「竹淵亭贈尹進士奎」, 「贈別大谷」, 「贈黃江」, 「贈成仲慮」, 「贈石川子」, 「醉贈叔安」, 「贈金七峯」, 「贈金師魯」, 「贈山人惟政」, 「別敬溫師」, 「贐別李學士增榮」, 그리고 「贐別張郡守弼武」에 이르기까지 거의 40여 제에 가까운 많은 양으로 전체 시의 20퍼센트를 차지한다.

남명이 학문의 목표와 성향이 실용주의적인 것에 무게 중심이 있었던 것과 마찬가지로 문학도 실용성을 중시하였는데, 증별시를 통하여 시에서도 남명이 실용을 중시하는 면모를 다시 확인할 수 있다. 이런 점에서 남명의 증별시도 매우 관심을 가져볼 만한 것이다. 증별시만 가지고 단정 짓기는 어렵겠지만 증별시를 통하여 그가 교유했던 인물들을 대략 파악해 볼 수 있고, 또 그 내용을 통해서 그들과의 교유가 어떠한 양상을 가졌던가 하는 것을 살펴볼 수도 있다.

그의 증별시에는 자신의 제자, 친인척, 벗, 그리고 스님들에게 주는 것 등이 있다. 어떤 경우에는 칼자루, 병풍 등에 써서 준 것도 있고, 어떤 것은 꿈을 꾸고 그를 못 잊어 준 것도 있으며, 어떤 시는 벌써 멀리 간 사람을 뒤쫓아 가서 전송하며 준 것도 있는데, 이들 모두는 실용적인 목적으로 지어준 것이지만, 상대방을 애틋하게 배려하는 남명의 뜻이 담겨 있다.

『남명집』의 첫머리에 있어서 자연히 남명시의 맨 앞에 있게 된「書鈏柄贈趙壯元瑗」이란 시도 증별시류에 속한다. 이 시는 남명이 자신의 생질인 이준민(李俊民)의 사위로 자신에게 공부를 한 조원(趙瑗)에게 준 것이다. 잘 알려진 바와 같이 조원은 조선 중기의 대표적 여류시인인 옥봉(玉峰) 이씨(李氏)의 남편이기도 하다.

불 속에서 하얀 칼날 뽑아내니,
서리 같은 칼 빛 광한전(廣寒殿)까지 닿아 흐르네.
견우성 북두성 떠 있는 넓디넓은 하늘에,
정신은 놀아도 칼날은 놀지 않는다네.

离宮抽太白, 霜拍廣寒流.
牛斗恢恢地, 神游刃不游.

남명이 칼을 선물로 준 것도 범상한 일은 아니고, 그 내용에서 권면하는 바가 예사로운 경지가 아니다. 다음의 시는 서울로 벼슬살이 가는 제자 오건(吳健)에게 준「증오학록건상경(贈吳學錄健上京)」이라는 시이다.

한 발짝 내딛으며 막 헤어지던 곳이,
오고 오니 멀어져 백 리인 듯하누나.
산마루에서 아련히 돌아보았더니,
서울 가는 길은 더더욱 멀더구나.

一脚初分處, 來來百里遙.

山頭回望盡, 西路更迢迢.

스승치고 제자를 사랑하지 않는 사람이 없겠지만, 남명의 제자 사랑은 유별나다. 특히 산청군의 면상촌의 유래와 관련한 설화6)는 더욱 우리의 마음에 감동을 주는데, 이 시를 통해서도 당시 면상촌에서 오건을 보내며 제자의 뒷모습을 하염없이 바라보던 남명의 모습을 떠올릴 수 있다.

2.3 만시(輓詩)

남명의 문장 가운데 상당히 많이 차지하는 것이 묘비문이다. 미문의식을 가지고 있던 남명이 이러한 실용문을 지었다는 것이 의아하기는 하지만, 남명은 사상에서도 그러했지만 문학에서도 실용성을 중시하였다. 퇴계가 실용만을 중시한 것에 비해 그는 실용적인 것에 문학적 완성도를 추구하였던 것이며, 이러한 생각을 대표하는 것이 바로 묘비문이라 할 것이다. 문장의 묘비문에 대칭되는 것으로 시에는 만시가 있다.

남명의 만시는 「挽姜進士瑞」, 「輓河希瑞」, 「挽河希瑞」, 「又」, 「挽貞夫人崔氏」, 「輓詞」, 「輓朴虞候」, 「輓貞夫人崔氏」, 「姜㻩奉輓詞」, 「輓褻生」, 「輓陳克仁」, 「輓金七峯」, 「輓金師魯」, 「輓金師魯」, 「輓朴虞候」 등으로, 대략 15제 정도가 된다. 전체의 10퍼센트도 안 되는 분량이기는 하지만, 적지 않은 숫자이고 그 내용들도 매우 중요한 것이다. 이 가운데에는 하희서(河希瑞)의 죽음을 슬퍼하며 지은 것이 세 수 있는 것처럼 한 사람

---

6) 졸저, 『남명의 인간관계』(경인문화사, 2006) 참조.

에 대해 2편 이상 지은 경우도 있으나 대개 한 사람에 1편 정도이다.

만시의 제목은 친소관계, 혹은 벼슬의 유무, 혹은 나이의 차이에 따라 이름을 쓰는 경우, 호를 쓰는 경우, 관명을 쓰는 경우 등 다양하게 나타난다. 그러나 남명의 만시의 가장 특징적인 국면은 그 내용에서 찾아볼 수 있다. 남명이 지은 묘도문(墓道文)은 매우 간결하게 고인의 실상을 드러내려 노력하였다는 점이 특성인 것처럼, 그의 만시도 가능한 고인의 행적을 간략하면서도 핵심적으로 묘사하려 하였다. 일례로 「만박우후(輓朴虞候)」를 보기로 한다.

오각산(鰲角山) 세 봉우리 아래,
그대의 빛나는 집안 있었네.
진한(辰韓)의 먼 후예요,
조씨(曹氏)와 위양(渭陽)에서 나뉘었다네.
기름 칠한 장막에서 도후(都侯) 지냈고,
은천(殷川)의 석계륜(石季倫)이라네.
이웃집에선 방아노래 하지 않는데
쓸쓸히 산허리에 구름이 걸려 있네.

鰲角三峯底, 於君高大門.
辰韓瓜瓞遠, 曹氏渭陽分.
油幕都侯掩, 殷川石季倫.
隣舂不相杵, 零落半山雲.

일반적으로 지나치게 고인에 대한 자신의 관계를 강조하거나, 고인의 죽음에 대해 과도하게 슬퍼하는 등의 부류와는 다르게 남명은 만시에서 고인의 실제 모습을 드러내려 하였고, 자신의 주관적 감정은 가능한 억제하려 한 것을 엿볼 수 있다. 맨 마지막 구에서 자신의 슬픔을 드러내었으나, 자신의 개인감정을 직접 사출하기보다는 고사를 통해서 간접적으로 객관화시키고 있음을 볼 수 있다.

2.4 영물시(詠物詩)

그냥 눈에 보이는 대로 자신의 시흥을 담기 위해 또 할 일 없이 소일거리로 혹은 자신의 시재를 뽐내기 위해 짓는 단순한 영물시, 즉 음풍농월의 시를 읊은 것은 그가 말한 바와 같이 완물상지(玩物喪志)에 빠지기 쉬웠기에 그것을 경계하고 또 경계하였기 때문에 영물시가 적다고 할 수 있다.

남명의 영물시로는 「詠獨樹」, 「庭梨」, 「詠梨」, 「詠蓮」, 「又」, 「菊花」, 「種竹山海亭」, 「畫竹」, 「竹風」, 「松月」, 「琴韻」, 「霜菊」, 「盆蓮」, 「詠梅鶴」, 「雪梅」, 「詠橘」, 「斷俗寺政堂梅」, 「梅下種牧丹」 등 모두 18수가 있다. 이 가운데 「竹風」, 「松月」, 「琴韻」, 「霜菊」, 「盆蓮」, 「詠梅鶴」, 「雪梅」까지는 「淸香堂八詠」 속에 들어 있는 여덟 수 가운데에서 일곱 수만 뽑아 놓은 것이다.

남명의 영물시는 그의 시가 전체적으로 양이 적기 때문이라 할 수 있지만, 양이 그리 많지 않다. 특히 「청향당팔영(淸香堂八詠)」에 속한 작품을 제외하고 나면 더욱 적다고 할 수 있다. 영물시의 내용은 대개 실생활에서의 필요에 의해 짓거나, 혹은 사물을 통하여 자신의 내면을 노래한 것이 많다. 대에 부는 바람을 읊은「죽풍(竹風)」이란 시는 다음과 같다.

　　세 친구 어울리던 쓸쓸한 오솔길 하나 나 있는데,
　　한미한 사람에게 힘든 공 좋아하는 게 가장 갸륵하다.
　　그래도 싫도다! 소나무와 한편이 되지 않고서,
　　바람에 내맡겨 형세 따라 오르락내리락 하는 것이

　　三益蕭蕭一逕通. 最憐寒族愛難功.
　　猶嫌未與髯君便, 隨勢低昂任却風.

위의 시는 여덟 폭의 병풍에 썼던 것으로 보이는「청향당팔영(淸香堂八詠)」의 시 가운데 한 수로, 매우 실용적인 것이라 할 수 있으며, 나머지도 거의 모두 사군자류에서 벗어나지 않는다. 특이한 것은 배와 귤을 읊은 것이 눈에 보인다는 것인데, 이것은 모두 배와 귤의 공능과 그 모양이 자신과 비슷하다고 해서 읊은 것이다. 홀로 선 나무를 읊은「영독수(詠獨樹)」라는 시에서도 남명은 자신의 정신적 기상과 지향을 드러내었다.

　　무리를 떠나 홀로 있기에,
　　스스로 비바람 막기 힘들겠지.
　　늙어감에 머리는 없어졌고,
　　상심하여 속이 다 타버렸네.
　　아침이면 농부가 와서 밥 먹고,
　　한낮엔 야윈 말이 그늘에서 쉬네.
　　다 죽어가는 등걸에서 무얼 배우랴?
　　마음대로 하늘에 떴다 가라앉았다 하네.

離群猶是獨, 風雨自難禁.
老去無頭頂, 傷來燬腹心.
穡夫朝耦飯, 瘦馬午依陰.
幾死查寧學, 升天只浮沈.

이 시에서는 무리지어 있는 나무가 아니라 홀로 서 있는 나무, 생생하게 활기가 넘치는 것이 아니라 죽어가는 나무, 너무 오랜 세월 풍파에 시달려 잎사귀도 얼마 남지 않고 벼락을 맞아 속도 타버린 나무이다. 이 나무는 쓸모없고 버림을 받아 아무도 거들떠보지도 않지만, 남명은 이 시에서 배울 점이 있다고 했다. 외롭고 힘들지만 버티면서 농부와 야윈 말에게 휴식을 주는 나무는 세속의 이욕에 억매이지 않고 자신의 이상을 추구하는 고상한 정신을 상징하는 것이다.

2.5 누정시(樓亭詩)

남명의 누정시는 제법 양이 많아 19수나 되니 전체의 10퍼센트에 육박하는 숫자이다. 「山海亭偶吟」에서부터 「在山海亭次周景游韻」, 「種竹山海亭」, 「題德山溪亭柱」, 「姜郊多檜淵茅亭窓」, 「書李黃江亭楣」, 「江亭偶吟」, 「山海亭苦雨」, 「題黃江亭舍」, 「鮑石亭」, 「題聞見寺松亭」, 「野翁亭」, 「在山海亭書大學八條歌後」, 「竹淵亭次尹進士奎韻」, 「涵虛亭」, 「竹淵亭贈尹進士奎」, 「題宋氏林亭」, 「題房應賢茅亭」, 「次湖陰題四美亭韻」, 「題玩龜亭」, 「次觀水樓韻」, 「涵碧樓」, 「鳳鳴樓」, 「次梁山雙碧樓韻」, 「江樓」, 「涵碧樓」까지가 그것이다.

남명의 누정시는 주로 합천, 김해, 진주 일원의 누정을 찾아

읊은 것 대부분이지만, 이 가운데에는 다른 사람의 누정을 찾아가서 지은 것도 있고, 자신의 누정에서 지은 것이 있다. 먼 곳을 찾아 지은 것으로는 경주의 포석정에 대해 지은 것도 있고, 「題房應賢茅亭」처럼 전라도 지역의 지인을 찾아 방문하고 지은 것도 있다. 자신의 누정에서 지은 것으로 김해의 산해정에서 지은 것이 대부분이고, 덕산 계정에서 지은 것도 두어 수 있다. 그의 누정시의 대표적인 것으로는 「題德山溪亭柱」를 들 수 있다.

천 석들이 큰 종을 보게나,
크게 두드리지 않으면 울리지 않는다네.
어찌 하면 두류산처럼 되어,
하늘이 울어도 울지 않을 수 있을까?

請看千石鍾, 非大扣無聲.
爭似頭流山, 天鳴猶不鳴.

남명이 60세에 지리산 골짜기를 수십 번 찾아 드나들다가 덕산에 자리를 잡고, 산천재를 짓고는 그 기둥에 쓴 시이다. 지금은 산천재 기둥에 다른 시가 걸려 있고, 이 시는 벽 위에 조그맣게 걸려 있다. 하지만 이 시를 통하여 남명이 만년에 지리산을 찾아들어간 까닭과 그를 통하여 그가 지향하던 학문의 경지와 목표를 알 수 있다.

이밖에도 박흔(朴忻)에게 부친다는 「寄叔安」이란 시에서 "산 속의 달빛 산해정에 환한데, 어떻게 하면 그대 불러 앉게 할 수 있을까? [海亭山月白, 何以坐吾君.]"라고 한 것이나, 이희

안(李希顏)이 고향으로 돌아왔다는 소식을 듣고서 지은 시인 「聞李愚翁還鄉」이란 시의 "산해정에서 꿈 몇 번이나 꾸었던가? 뺨에 흰 눈 가득한 황강노인 모습을. [山海亭中夢幾回, 黃江老叟雪盈腮.]"라는 구절에서 살필 수 있는 바와 같이, 시 속에서 누정에 대해 간접적으로 읊은 시도 더러 있다.

2.6 불가시(佛家詩)

남명의 불가시는 사실 양적으로 얼마 되지 않는다. 「別敬溫師」를 비롯하여 「贈行脚僧」, 「謝僧送圓扇」, 「斷俗寺政堂梅」, 「山寺偶吟」, 「題龜巖寺」, 「贈山人惟政」, 「題五臺寺」, 「寄柳繼先魚士拱明月寺讀書」, 「讀書神凝寺」, 「題聞見寺松亭」, 「次景游韻題僧軸」, 「贈熙鑑師」에 이르기까지, 스님과 절에 관한 것을 모두 합해도 11수 정도에 지나지 않는다.

남명의 불가시는 제목에 직접 불교 관련 내용이 드러난 경우가 대부분이지만, 간혹 제목에는 드러나 있지 않고 내용에 스님이나 산사에 관한 언급이 보이는 것도 있다. 자형(姊兄)인 이공량(李公亮)을 보내며 지은 「送寅叔」이란 시인데, 제목에는 나타나 있지 않으나 "절 이름 동향사(東向寺)인데 그대 서쪽으로 가는구나. 한 해 동안 만났다 헤어진 것이 한평생의 일 같도다.[寺名東向君西向, 一年携貳一生同.]"라 한 내용에서 불교와 관련된 언급이 재치 있게 표현되어 있는 것을 볼 수 있다.

남명의 불교 관련 시는 「贈山人惟政」과 같이 직접 스님과 교유를 한 내용이 담겨 있는 경우도 있으나, 대개는 스님, 절 등을 매개로 하여 유학자와의 교유를 목적으로 하는 경우가 많다. 남명은 유학 이외의 다른 학문에 대해 비교적 개방적 태도를 보여 다른 사람의 기롱을 받기도 했다. 노장을 받아들였던 것처럼 불교와의 일정한 관계를 유지하기도 했지만, 이는 다른 유학자들과 마찬가지로 일정한 한도 안에서 이루어졌던 것이다. 주세붕(周世鵬)의 시운에 따라서 중의 시축(詩軸)에 쓴다고 한 「次景游韻題僧軸」라는 시에서도, 백운산 신응사 절에서 벌어진 일을 읊었지만, 결국 "백운산 스님 신응사에서 만나, 시축 표지 열어 보니 헌납의 시로구나. [白雲山衲神凝見. 篇面開來獻納詩.]"라는 구절에서 볼 수 있는 바와 같이, 주세붕과의 일을 읊은 것임을 알 수 있다.

그리고 또 남명이 불교와 관련을 맺은 것은 당시의 많은 사람이 그랬듯이 산사를 찾아 공부했던 데에서 비롯된다고 하겠다. 다음의 신응사에서 글을 읽다가 지은 것으로 보이는 「讀書神凝寺」라는 시도 그러한 예에 속한다.

> 아름다운 풀로 봄 산에 푸르름 가득한데,
> 옥 같은 시냇물 사랑스러워 늦도록 앉아 있노라.
> 세상을 살아가노라면 세상 얽매임 없을 수 없기에,
> 물과 구름을 다시 물과 구름에 돌려주고 돌아온다.
>
> 瑤草春山綠萬圍. 爲憐溪玉坐來遲.
> 生世不能無世累, 水雲還付水雲歸.

아마도 신응사에서 독서를 할 때 역시 자형 이공량의 벼루 받침대에 썼다는 「神凝寺題姊兄寅叔硯衽」에서는 "마음을 터놓고 서로 이야기하여, 얻은 바는 과연 어떠할런지? [高談與神

宇, 所得果如何.]"라는 구절에서 볼 수 있는 바와 같이 그가 불교와 맺고 있는 입지가 한계가 있음을 보여준다고 하겠다.

3. 맺음말

이상으로 남명의 시를 그간 논의가 거의 없거나 많이 되지 않았던 내용을 위주로 여섯 부분으로 나누어 살펴보았다. 이 글은 평소에 가지고 있던 남명의 시에 대한 나의 생각을 정리한 것이기는 하지만, 사실 허경진 교수님의 부탁으로 이루어졌다.

남명의 시에 대한 번역은 경상대학교 남명학연구소에서 남명집을 번역하면서 전문을 수록하였고, 일반인들이 쉽게 남명의 시를 읽고 또 시에 대한 이해를 높이기 위해 시마다 역자의 평설을 붙여서 역시 남명학연구소에서 교양총서를 간행하면서 남명시선집을 간행한 바 있다.

연세대 허경진 교수님은 잘 알려진 것과 같이 오래전부터 평민사(平民社)에서 『韓國의 漢詩』 시리즈를 간행한 바 있고, 이 시리즈의 48번째 책으로 남명의 시를 번역하여 『南冥 曺植 詩選』을 간행하고자 하면서, 앞서 『남명집』을 번역한 일이 있는 경상대학교 한문학과 교수 가운데 나에게 남명의 시에 대해 해설을 당부하였다.

나는 남명에 대해 아직도 잘 모르는 것이 많으며, 더구나 수준 높은 남명의 시에 대해서는 이해가 턱없이 부족하다. 그렇지만 허교수님의 겸양이 담긴 간절한 부탁을 외면하기 어려워 자신의 역량이 모자람을 잊고 글을 쓰겠노라고 허락을 하였다.
 파리가 천리마의 꼬리에 붙어 하루에 천 리를 간다[蒼蠅附驥尾一日而行千里]고 한 옛말처럼 나도 경상대학교 한문학과에 있다는 이유만으로 훌륭한 저술에 글을 싣게 되었고, 또 훌륭한 저술의 머리에 이름을 얹게 되어 분에 넘치게 후대에 이름을 남기게 되었다.

- 윤호진(尹浩鎭 경상대학교 한문학과 교수)

原詩題目・찾아보기

書劒柄贈趙壯元瑗 ■ 14
贈吳學錄健上京 ■ 15
別敬溫師 ■ 16
漫成 ■ 17
寄叔安 ■ 18
漫興 ■ 19
山海亭偶吟 ■ 20
偶吟 ■ 21
在山海亭次周景游韻 ■ 22
種竹山海亭 ■ 24
題黃江亭舍 ■ 25
梅下種牧丹 ■ 26
題德山溪亭柱 ■ 27
涵碧樓 ■ 29
寄子修姪 ■ 30
孤舟晚泊 ■ 31
辭三足堂遺命歲遣之粟 ■ 32
記夢贈河君 ■ 34
贈行脚僧 ■ 35
贈鄭判書惟吉 ■ 36
偶吟 ■ 37
贈山人惟政 ■ 38
寄三足堂 ■ 39
贈成東洲 ■ 41
無題 ■ 42
贈金烈 ■ 43
寄健叔 ■ 46
山寺偶吟 ■ 48

咏獨樹 ■ 49
贈崔賢佐 ■ 50
書李黃江亭楣 ■ 51
贈三足堂 ■ 54
鞦河希瑞 ■ 56
斷俗寺政堂梅 ■ 58
送寅叔 ■ 59
山中卽事 ■ 60
鄭監司宗榮見過 ■ 62
贈別姊兄寅叔 ■ 63
江亭偶吟 ■ 64
次友人韻 ■ 65
明鏡臺 ■ 66
菊花 ■ 67
德山偶吟 ■ 68
詠蓮 ■ 69
鳳鳴樓 ■ 71
讀項羽傳 ■ 72
寄柳繼先魚士拱明月寺讀書 ■ 74
和寄宋相 ■ 75
贈朴君思恭 ■ 76
答贈張都事儀仲 ■ 77
贈熙鑑師 ■ 78
淸香堂八詠 ■ 79
　竹風 ■ 79
　琴韻 ■ 80
　經傳 ■ 81

南冥 曺植 詩選　165

原詩題目·찾아보기

遊白雲洞 ■ 82
無名花 ■ 83
贐別李學士增榮 ■ 84
山海亭苦雨 ■ 85
謾成 ■ 86
浴川 ■ 87
德山卜居 ■ 88
喪子 ■ 89
寄西舍翁 ■ 90
題黃江亭舍 ■ 91
次梁山雙碧樓韻 ■ 92
鮑石亭 ■ 93
贈成中慮 ■ 94
和淸香堂詩 ■ 95
贈五臺僧 ■ 96
詠梨 ■ 97
題聞見寺松亭 ■ 98
輓裵生 ■ 99
兼贈太溫健叔 ■ 100
野翁亭 ■ 101
畵竹 ■ 102
頭流作 ■ 103
寄河君礪 ■ 104
無題 ■ 105
在山海亭書大學八條歌後 ■107
竹淵亭次尹進士奎韻 ■ 108
挽姜進士瑞 ■ 110
地雷吟 ■ 112

謝李原吉送曆 ■ 113
無題 ■ 114
挽河希瑞 ■ 116
涵虛亭 ■ 119
竹淵亭贈尹進士奎 ■ 120
題宋氏林亭 ■ 121
題房應賢茅亭 ■ 124
贈別大谷 ■ 126
寄大谷 ■ 127
次湖陰題四美亭韻 ■ 128
次休叟吟 ■ 130
蝴蝶樓 ■ 132
贈成中慮 ■ 133
奉上仲玉丈 ■ 135
贈石川子 ■ 137
蘇子卿詩 ■ 141
六國平來兩鬢霜詩 ■ 144

옮긴이 **허경진**은 연세대학교 국어국문학과를 졸업하고,
동대학원에서 문학박사 학위를 받았다. 목원대학교 국어교육과 교수와
열상고전연구회 회장을 거쳐, 현재 연세대학교 국문과 교수로 재직 중이다.
『한국의 한시』총서 외 주요저서로는 『조선위항문학사』, 『허균』,
『허균 시 연구』, 『대전지역 누정문학연구』, 『한국의 읍성』 등이 있고,
옮긴 책으로는 『연암 박지원 소설집』, 『매천야록』,
『서유견문』, 『삼국유사』, 『택리지』, 『한국역대한시시화』,
『허균의 시화』 등 다수가 있다.

韓國의 漢詩 48
南冥 曺植 詩選

초판 1쇄 인쇄   2008년 5월 10일
초판 1쇄 인쇄   2008년 5월 15일

옮 긴 이   허경진
펴 낸 이   이정옥
펴 낸 곳   평민사

주   소   서울시 서대문구 남가좌2동 370-40
전   화   375-8571(대표) / 팩스 · 375-8573
           평민사의 모든 자료를 한눈에 볼 수 있는 블로그
           http://blog.naver.com/pyung1976
           e-mail: pyung1976@naver.com

등록번호   제10-328호

  값   7,000원

           ISBN 978-89-7115-514-1 04810
           ISBN 978-89-7115-476-2 (set)

*인지가 없거나 잘못 만들어진 책은 바꾸어 드립니다.
*이 책은 저작권법 제97조의 5(권리의 침해죄)에 따라 보호받는 저작물로
  저자의 서면동의가 없이 그 내용을 전체 또는 부분적으로 어떤 수단 · 방법으로나
  복제 및 전산 장치에 입력, 유포할 경우 민 · 형사상 피해를 입을 수 있음을 밝힙니다.